導讀

信言不美，美言不信；善者不辯，辯者不善？

——《叔本華的辯論藝術》導論

孫雲平

悲觀主義哲學家叔本華（Arthur Schopenhauer, 1788- 1860）出生在原位於波蘭、後來遭普魯士兼併的港城但澤（Danzig）附近；父親為一跨國商人，因此其父決定其名字Arthur的理由是因其書寫法在英文、法文、德文都是一致的。一八○九年他入學哥廷根（Göttingen）大學，初習醫學，後來改念哲學。叔本華曾受教於康德哲學批評者舒策（Gottlob Ernst Schulze, 1761-1833）、德國觀念論者費希特（Johann Gottlieb Fichte, 1762-1814）、詮釋學哲學家士萊馬赫（Friedrich Schleiermacher, 1768-1834）。叔本華一八一三年於耶拿（Jena）大學取得哲學博士學位；一八二〇起於柏林大學任講師，由於故意選擇跟當時已名滿天下之黑格爾（Georg Wilhelm Friedrich Hegel, 1770-1831）在同一段時間開課，學生極少，在柏林期間鬱鬱不得志。叔本華思想因為受到以黑格爾為首的德國觀念論的陰影籠罩，在其學術生涯早期幾乎不受到重視；直到十九世紀中葉他的哲學才產生影響。叔本華是繼德國觀念論及黑格爾後，最重要的系統思想家。其思想以與黑格爾哲學對立為其特色；黑格爾的觀念論是一個理性整體論，叔本華的則為一個「非理性之觀念論」，並直接影響哲學的異類尼采（Friedrich Nietzsche, 1844-1900）。

相對於黑格爾體系中「絕對精神」是理性的，叔本華思想的「形上學法則」——「意志」——是非理性的，強調「理性」的對立面。其最主要的著作：一八一三《論充足理由的四重根源》（*On the Fourfold Root of the Principle of Sufficient Reason*）、一八一八／一九《意志與表象的世界，卷一》（*The World as Will and Representation Vol.1*）、一八四四《意志與表象的世界，卷二》（*The World as Will and Representation Vol.2*）。當黑格爾強調「統攝世界」為一理性的法則時，叔本華主張：「意志」才是真正「世界」的本質：世界是由「意志」所造作、所決定的。叔本華所謂的「意志」，其實是揉合許多不同的想法而形成，其中包括：柏拉圖的「理型」、黑格爾的「絕對精神」、以及佛教的思想。如果就世界整體來談，叔本華所謂的「意志」可說是世界的內涵及推動力量，它雖然不可見，卻是可知。「意志」先於理性及任何其他的存有而存在；因此，「意志」為一建構世界之「形上學法則」。然而，猶如「絕對精神」一般，「意志」會尋求其自身的「具體化」，亦即其呈現之「表象」。如果就人的層次來看，「意志」如同人類的主人，人類總是服膺於、甚至屈從於「意志」的要求。生存就是「意志」的現象：不斷地有欲望及需求，而人就只能設法去滿足這些需要及欲望；因此，生活是一個不止息的需求匱乏以及欲望滿足的過程。但在有限而短暫的滿足狀態中，人類則會感到困倦無所事事及索然無味。叔本華主張人生就是介於這種缺乏及無聊之間擺盪的歷程；生命若非匱乏、即為無趣，因此叔本華被稱為悲觀主義的哲學家。

《叔本華的辯論藝術》——可能是非關其學術立場中自（一八三〇年寫成、

一八六四年）出版以來最受歡迎的一本小書——究竟是否僅是一部教導人無論於任何爭論場合都保證可以獲勝之技巧的書籍，抑或它是一本對思維、修辭、論證、詭辯等進行檢視的哲學作品？如果要為之歸類，本書勉強可算是知識論（Epistemology）的範疇。叔本華究竟為什麼要寫作本書？其個人的動機與理由或許難以絕對確定，但本書的價值卻可以由我們這些後世的讀者來推敲。本篇導論嘗試從「為何」（Why）、「何為」（What）、「如何」（How）三方面來說明本書可能的寫作目的、主要內容及其論述的方法。

壹、為什麼需要辯證法？

辯證法（Dialektik）固然屬於哲學思維的一種方式，然而辯證法跟一般思考（Denken; Thinking）最大的不同之處在於：它並非個人單獨的思維活動，它涉及至少是兩個人的交談或辯論。辯證是一種涉及他人的社會性活動，而不再僅是個體自我的內省。然而，此種與他者言詞交鋒的活動卻非僅是耍嘴皮子或潑婦罵街，它仍然需要理性的思考為其後盾；成功的論辯是建立在清晰之邏輯思維的基礎上。人際的論爭其實是不同個體內在思維之歧異的外在表顯，其中除了專業訓練、人生閱歷、個人教養與心理素質之外，在此關鍵的還有在公眾場合對於語言表述能力的掌握與運用。哲學的論爭辯證法正是對於此種話術訓練的最佳指導方針。特別是對於具有高度爭議性的話題（例如：在目前的台灣，環保或開發、反對或支持核電、同志議題、死刑存廢、國家甚至民族認同……），如何於公開的場合在有限的範圍內獲致論爭的勝利，顯然並非易事。

無論議題的大小，想在論辯的場合獲勝，是大多數人的自然傾向。藉著釐清自身與對手之思緒的邏輯，檢視雙方論證的前提、結論及其彼此的關聯性，發掘漏洞而攻擊或防禦，是典型哲學活動的基本要求。只不過是學術哲學的訓練通常是以特定的內容為其對象，也因此常受到誤解，以為哲學是不食人間煙火的象牙塔世界。事實上，哲學跟我們的日常生活息息相關；每天都可能遭遇生活中的各種衝突或選項，就要求我們或個人或集體必須做出理性的評估與最佳的判斷。本書《叔本華的辯論藝術》正是哲學對我們實際生活發揮作用的明證之一。在叔本華的鋪陳與舉例中，我們可以發現人類的特性以及人與人互動時可能的反應與侷限所在。透過本書的哲學分析與觀照，我們可以從思辨的層面進一步認識自己、認識他者、認識群眾——簡言之，我們可以從其中讀出「人性」。

貳、何謂辯證法？

至於何為「辯證法」？特別是叔本華於本書中所謂的「辯證法」？以下嘗試從「辯證法」跟「修辭學」（Rhetorik）、「邏輯學」（Logik）、「詭辯法」（Sophistik）三者的異同來簡單說明。

首先，辯證法跟修辭學共同的目標都是企圖藉著語言的表述來說服聽眾。在古希臘城邦時代，民主政治要能出頭，就必須能言善道、具有公眾魅力及說服力，因此修辭學成為政治成功的先決條件。亞里斯多德（Aristoteles）的《修辭學》做為第一部對修辭學系統研究的著作將說服區分三種形式：演說者的可信賴度（ethos）、聽眾的情緒狀態（pathos）以及論證（logos）[1]。相對於修辭學，辯證法比較不是訴諸前兩者，而更多是後者（儘管最後我們仍會發現此並非涇渭分明）。修辭學在詞藻的選擇與修飾使其偏向文藝與感性的表達，而辯證法則更大程度地關注於理性的論證（Argument）。

在此意義上，辯證法似乎跟邏輯學相近。所以叔本華特別說明辯證法跟邏輯在亞里斯多德的時代本來是同義詞，但一方面邏輯側重論證的形式，辯證法涉及論證的實質內容。另一方面，邏輯以追求客觀之真理為己任，而辯證則僅要求論爭的勝利（表面成立的道理）。邏輯必須基於真實的知識，而辯證法則僅需基於一切公認的意見即可[2]。叔本華主張「客觀真理通常並非顯而易見」，從正面（謙卑）理解，由於論爭的雙方可能都並不確知最終的客觀真理為何，因此我們僅能要求論證命題的有效性，而不能侈言自身在捍衛絕對的真理。但從結果而論，叔本華則企圖以「與其讓不知道是否會真誠反省之對手獲勝，倒不如自己先贏得論爭的結論，事後自己還可以繼續探索以達真理」來合理化此一目標。

如果僅從過程與表面的結果來看，辯證法庶幾為詭辯術。辯士（Sophist）教導修辭學及辯論術，並非為了追求真知，而是為了在政治場合或訴訟中贏得勝

1 Aristoteles, *Rhetorik II 1*, 1356a2–4.

2 Aristoteles, *Topik*, 100a 25ff.

利，這種能力僅是他們謀生或牟利的工具，只能算是一種「技術」，而非追求真理或實現理想的方法。因此，柏拉圖曾批評他們為「販售精神食糧的商人」。他們不在乎將白的說成黑的、將死人說成活人；亦即：只計輸贏、不問是非。著名的辯士普羅泰戈拉斯（Protagoras, c.485-415 BC）強調其訓練的有效性，甚至宣稱可以為任何問題的任何一面（正反方）來辯護、並且保證獲勝。他會這麼宣稱，除了其犀利的言詞之外，還有一個重要的因素：他不認為有絕對的真理及公義存在。普羅泰戈拉斯以其名言「人為萬物的尺度」（Man is the measure of all things）來主張：公平正義、敬虔、真理……等，只不過是人為的約定俗成罷了，亦即一切都是相對的。與詭辯的相對主義不同的是，辯證法還肯認客觀真理的存在，只是不認為論爭的雙方能輕易發現而已。辯士根本不承認有是非對錯，辯證法還保留了真理存在的可能性。總之，辯證法是在有限的時空範圍內企圖以精心設計的話術來駁倒對手的方法。

參、如何論爭取勝？

至於如何於論爭中獲勝？叔本華提出了三十八種具體的策略，正是本書主要的內容。如果從學術研究的角度來看，我們必須深入探討亞里斯多德跟叔本華的關係。儘管叔本華不認為亞里斯多德對於其所謂辯證法的性質及其目的做了足夠清楚的界說，但是叔本華書中許多計策與例證都是出自前者的《論題篇》（*Topik*）。叔本華強調其所主張的辯證法比亞里斯多德的更具有實用性，亦即在實際的論爭場合更有助於駁倒對手而獲勝。

叔本華說明辯駁的模式可分為：對事（ad rem）與對人（ad hominem），前者係針對論點涉及的外在事實根據來駁斥（對應真理的符應論Theory of Correspondence），而後者則是就對手陳述自身內在的不一致來批判（對應真理的融貫論Theory of Coherence）。此外，辯駁的進路可分為：直接的與間接的，前者是透過否定對方主張的理由（nego maiorem, minorem）或是否定推論的有效性（nego consequentiam），而後者則是儘管接受對手的理由但卻反對推論過程（Apagoge）或是舉出反例作為例證（Instanz）。叔本華還說明爭論即是論點或命題的交鋒，而命題則涉及概念的四種關係：一、定義（Definition），二、類別（Genus），三、本質特徵（proprium, idion, Wesen），四、屬性（accidens,

Attribute）。所有爭論的問題最後都可以回溯到其中一項關係之中，亦即是在上位概念（Oberbegriff）跟下屬概念（Unterbegriff）以及本質必然性（Notwendigkeit）跟偶然性（Kontingenz）之間交錯的關係。稍加仔細地研究，我們即可發現：這些相對比較抽象但卻是正面表述的說法，其實還都是屬於常規哲學思維的範圍；而具體陳述的三十八計則已脫離「正派」哲學論辯的範疇。

例如，最後一計「人身攻擊」（ad personam）不同於上述的「對人」（ad hominem）的反駁。後者仍然是將爭論侷限於對方的陳述與論點之內，而前者則是完全跳脫爭議的主題，轉向詆毀對手的人格。此外，以偏概全（刻意絕對化或普遍化對手之論點）、模稜兩可、打泥巴仗、混水摸魚、自我宣稱、不當地訴諸權威、譁眾取寵、混淆視聽、聲東擊西、轉移焦點、暗渡陳倉、挑釁或假意客氣、喋喋不休、以至於人身攻擊、誤導群眾……等近乎耍賴的話術，於台灣的政治場域與電視名嘴的演出中已是司空見慣；這些都已經脫離真正哲學論辯的規範。

既然如此，為什麼叔本華還要提出論爭辯證法來「教壞」讀者呢？有人認為：叔本華近乎以反諷的方式（書中對於爭辯中各式各樣荒謬可笑之說法以及對為達目的不擇手段之狡獪行徑的生動刻畫）系統性地分析這些發生在爭論場合的種種伎倆，其實並非真地要大家來學習這些手段，而是要在論辯的情境洞察對手可能採取的「奧步」及學習如何適當地反擊或解消之。固然叔本華也認為思想的交流可以激盪出新的火花，但基於對人性之虛榮與虛偽的理解，悲觀主義的他不認為我們在眾人中可以找到幾個真正理性而又就事論事的對手來爭辯。如果不選擇沉默以換取和平（假若真能換得到的話），那麼我們就只能挺而迎戰。如何不被對手惡劣的手法擊潰，叔本華提供的辯證法至少能夠捍衛自我、免於有理變無理。

（本文作者為中央大學哲學研究所專任教授）

論爭辯證法

「論爭辯證法」（Eristische Dialektik）[1]是種爭論的藝術，而且是種無論自己有理無理都能大聲主張自己是對的的爭論藝術[2]。因為，就事情本身來說，客觀上我可能是對的，可是在旁人眼裡（有時就連我們自己看來也一樣）我卻是錯的。當對手反駁了我的證明，並且將此舉視為反駁了我的主張，事實上或許還有其他的證明可以支持這項主張，在這情況下，對於這位對手而言，狀況正好是顛倒過來的，換言之，他主觀認為自己是對的，客觀上他卻不是對的。也就是說，爭論者與旁觀者所贊同的「命題的客觀真實性」與「命題的有效性」其實是兩回事（後者正是辯證法的對象）。

這一切究竟從何而來？無非是源自於人類的劣根性。若非如此，我們便會徹

1 在古時候，「邏輯」與「辯證法」多半被當成同義詞使用，在近代也一樣。

2 「論爭術」是更強烈的用語。亞里斯多德（根據第歐根尼．拉爾修的《哲人言行錄》〔*Lives and Opinions of Eminent Philosophers*〕第五卷第二十八章）將修辭學（Rhetorik）與辯證法並列，它們的目的是勸說，將分析論與哲學並列，它們的目的是眞理。「辯證法是種談話的藝術，我們可以透過對話者的問與答，借助辯證法去反駁或以獲得證實的姿態主張某些事情。」（第歐根尼．拉爾修的《哲人言行錄》第三卷第四十八章，柏拉圖生平）雖然亞里斯多德做了這樣的區分：一、邏輯或分析論做爲推得眞實結論或必然結論的理論或方法。二、辯證法做爲推得被視爲眞實或暫時被信以爲眞（可信的；《論題篇》第一卷第一與十二章）的結論的方法；這些結論未被確定爲假，卻也未被確定（本身）爲眞，反正在這方面這一點並不是很重要。然而，這種方法與無論自己有理無理都能主張自己是對的的藝術（換言之，不顧事實而達到眞理之表象的藝術，正如我在開頭所言）有何不同？亞里斯多德其實是把結論區分成邏輯的、辯證法的（如前所述），以及三、論爭術的（在這種樣態裡，推論形式正徹底底地誠實，會在所有的爭論中只本於揭示真理，全然不去理會它們是否合於我們或他人先前提出的意見：這些意見可能會變得無關緊要，或至少完全次要。如今，它們卻成了主要事項。我們與生俱來的虛榮特別容易刺激我們的理智，這樣的虛榮並不樂見我們自己的意見是錯的，而別人的意見卻是對的。於是，在這樣的情況下，每個人無非致力於做出正確的判斷；為此，每個人必須先深思熟慮，接著再說出自己的判斷。不過，在大多數人身上，虛榮的天性總是與饒舌和與生俱來的不誠實結伴而行。他們總在深思熟慮之前便誇誇其談，即便事後他們才發覺自己的看法其實是錯的，而且是沒有道理的，他們依然會表現出一副自己顯然言之有理的模樣。在提出一項假定為真的陳述時，志在追求真理原本應當是唯一的動機。然而，在上述的情況裡，這樣的志趣卻完全讓位給了虛榮。於是，真的看起來變成假的，假的看起來變成真的。

不過，這樣的不誠實（堅持連我們自己也覺得錯誤的主張）本身還有藉口：我們往往會在一開始堅信自己主張的真實性，可是對手的論證似乎推翻了這樣的真實性，如果這時我們同樣摒棄他們的論證，往往會在事後發現，我們其實還是對的，雖然我們的證明錯了，不過還是有可能存在某個對的證明可以支持我們的主張，我們只是一時想不出這個救援的論證罷了！於是我們得出一項信條：即使反對論證看起來言之成理而且有說服力，我們還是能夠反對到底，因為它不過只是「貌似」正確，在爭論過程中，我們肯定還會再發現某個不僅能駁倒它、並且能證實我們主張為真的論證。職是之故，在爭論中，不誠實幾乎是無可避免的，或至少容易受其誘惑。我們的理智孱弱與居心不良交相支持這樣的態度。如此一來，舉凡習於爭論的人，原則上都不是為了追尋真理，而是為了維護自己的陳述。就好像無論對錯，他們都要像是「為了上帝和國家」（*pro ara et focis*）一樣；如前所述，他們沒有別條路可走。

確，可是陳述本身（亦即內容）非爲眞，只是貌似爲眞），最後還有四、詭辯的（在這種樣態裡，推論形式是錯誤的，只是貌似正確）。後三者其實才是屬於論爭辯證法，因爲它們的目的並不在於客觀眞理，而是在於貌似眞理（不顧眞理本身），換言之，在於占據正確性。亞里斯多德的《詭辯篇》是他日後才另外單獨撰寫的，它可算是與這種辯證法有關的最後一部著作。

原則上，每個人都希望堅持自己的主張，即便這主張就自己當下來看有疑問，甚或是錯誤的[3]。對此，每個人個性上的狡猾與邪惡多少可以派上用場：這一點是日常生活中的爭論經驗教導的。正如每個人都有自己天生的辯證能力，同樣也都有自己天生的邏輯。光憑辯證能力是遠遠無法像邏輯那樣可靠。對所有人而言，違背邏輯法則的思考或推演並非易事；錯誤的判斷很常見，錯誤的結論卻罕見。換言之，一個人不太容易表現出缺乏天生的邏輯，反而卻很容易表現出缺乏天生的辯證能力。辯證能力的天賦分布不一（就這點來說判斷力也一樣，與同樣分布不一的理性情況相同）。因為，我們經常可以見到，人們在其實正確的地方遭到似是而非的論證混淆或駁斥，不正確時亦然。那些在爭執中以贏家姿態勝出的人，往往該感謝自己運用狡猾與精明捍衛主張，而不是自己正確的判斷力。在這方面與所有其他方面上，有天賦是再好不過[4]。要不然，透過練習與思索各種用以扭曲對手的說詞或是自己常用的辯論措辭，同樣有助於在這項技藝上成為大師。因此，就算邏輯無法有實際的用處，辯證法肯定有。在我看來，就連亞里斯多德也把他的邏輯學（分析論）列為辯證法的基礎與入門功，因為辯證法對他而言才是重點。邏輯只是處理命題的形式，辯證法則是處理命題的內容與素材，

3 馬基維利爲王侯們指出，應當利用每個鄰邦虛弱的時刻對它們發動攻擊，否則的話，它們便會反過來利用你們虛弱的時刻對你們發動攻擊。如果這世上充滿著忠實與正直，情況就會完全改觀。然而，由於人們不必對此有所期待，因此人們不必去實行忠實與正直，因爲這麼做並不會有什麼好報。在爭論方面也是一樣。如果我承認對手是對的，一旦他覺得自己是對的，當情況反過來時，他就很難對我投桃報李。他寧可堅持自己的錯誤主張，而我也必須這麼做。人們應該只遵循眞理，不偏愛自己的主張，這句話說得容易，可是我們不該假設他人會這麼做，因此我們自己也不該這麼做。此外，一旦在我看來對方似乎是對的，我便會想要放棄自己先前曾經深思熟慮的主張，如此一來很容易就會導致，由於受到一時的錯誤印象誤導，我捨棄了眞理，接受了虛假。

4 「然而，唯有教育才能彰顯天賦。」（語出賀拉斯〔Quintus Horatius Flaccus〕《頌詩集》〔*Carmina*〕）

也就是命題的實質。因此，在考量做為殊相的內容之前，必須先考量做為共相的形式。

亞里斯多德並未像我這樣清楚地界定辯證法的目的。他雖然賦予辯證法「爭論」這項主旨，不過在他看來，「發現真理」同樣也是辯證法的主要目的（《論題篇》第一卷第二節）；稍後在《論題篇》第一卷第十二節處，他又表示：在哲學方面，人們係根據真理來處理命題，在辯證法方面，人們則係根據假象、掌聲或他人的意見來處理命題。雖然亞里斯多德曉得「命題的客觀真實性」與「命題的效力」或「贊同的獲得」有差異與區別，不過，如果要將辯證法僅歸於後者，他所做的區分顯然還不夠清楚[5]。因此，他針對最後一項目的的規則，往往與針對前面目的的規則混為一談。因此在我看來，他的任務並未完成[6]。

在《論題篇》裡，亞里斯多德憑藉自己的科學精神，十分有條理與系統地處理了辯證法的構成。此舉著實令人欽佩，即使當中看來實際的目的未能完全達成。他在《分析論篇》裡根據純粹形式觀察了概念、判斷與推論後，接著他跨入

5 另一方面，在《詭辯篇》這部著作裡，亞里斯多德又再度非常努力地將辯證法與詭辯及論爭術區分開來。它們的差異在於：辯證法的結論在形式與內容上是對的，可是論爭術或詭辯的結論卻是錯的（這兩者只有目的上的差異，前者〔指論爭術〕的目的在於占據正確性，後者〔指詭辯〕的目的則在於，藉由占據正確性獲得聲望，進而藉助聲望獲取金錢）。陳述根據內容是否正確，這個問題的不確定性，總是遠遠大過人們必須從中找出辨別的基礎。至少爭論者本身可以完全確定，即使爭論有個結果，也不過只是得出一個與此有關的不可靠的說明罷了。是以，我們必須在亞里斯多德的辯證法下一起掌握詭辯、論爭術、檢驗術（Peirastik），並且將它們定義成，在爭論中維護正確性的藝術。在這當中，最重要的輔助工具，莫過於在事實方面取得正確性。單就其本身而言，在人類的性情方面，這點是不夠的，另一方面，在人類理智的虛弱方面，這點則並非絕對必要。因此，這當中還包含了其他的技巧，由於它們同樣不以在客觀上具有正確性爲前提，故而，當人們在客觀上不對的時候（就這點來說，人們幾乎永遠無法完全確定，情況是否確實如此），也可以使用這些技巧。我的意思就是，將辯證法與邏輯（如亞里斯多德從前所做的那樣）更清楚了內容，在這個部分裡，他其實只涉及了概念，因為內容就存在概念裡。命題與推論本身只是單純的形式，概念則是它們的內容[7]。亞里斯多德的論述如下：每個爭論都會具備一個主題或問題（僅僅在形式上有所不同）以及用以解決它們的命題。這當中總是涉及到種種概念之間的關係。首先會有四種關係。更確切來說，我們會去尋找概念的一、定義（Definition），或二、種（Genus），或三、特性，本質特徵（proprium, idion），或四、屬性（accidens），也就是某種性質（無論是否唯一或獨有），簡言之，某種謂詞。每個爭論的問題都可以回溯到其中

地區分開來，把客觀眞理留給邏輯（只要它是形式的），讓辯證法限於維護正確性，相反的，詭辯和論爭術則不要（如同亞里斯多德從前所做的那樣）與辯證法分開，因爲這項差異是基於客觀實質眞理，我們無法事先可靠地去釐清客觀實質眞理，只能像彼拉多（Pontius Pilatus）那樣表示：什麼是眞理？因爲，誠如德謨克利特所言：「眞理隱於深處。」（參閱《哲人言行錄》第九卷第七十二章）爭執的目的無非在於發掘眞理，這句話說來容易，問題是，我們根本不曉得它在哪裡。我們難免會被對手與自己的論證所誤導。順道一提，如

果事實被正確理解，它便容易言喻。由於人們習於將辯證法這個名稱視爲與邏輯完全相同，因此，我想將我所提出的這門學科稱爲論爭辯證法。

6 無論如何，我們必須將一門學科的研究對象與其他每個學科的研究對象清楚地區別開來。

7 然而，概念可以分成某些類別，例如種與屬、原因與結果、性質與反面、具備與缺乏等等，這些類別適用某些一般規則，這些規則便是「論題」（希臘文爲「τοποι」，拉丁文則爲「loci」）。例如，和原因與結果有關的論題之一是：「原因的原因是結果的原因」（克里斯蒂安・沃爾夫〔Christian Wolff〕《本體論》〔*Ontologia*〕§928），其應用：「我的財富是我的幸福的原因，因此，賦予我財富者，便是我幸福的源頭。」與對立有關的論題：一、它們是互斥的；例如，筆直與彎曲。二、它們是在同一對象上；例如，如果愛存在於意志裡，那麼恨也存在於意志裡，然而，如果恨存在於情感裡，那麼愛也存在於情感裡。如果靈魂不能是白的，它也不能是黑的。三、如果缺乏較低層級，也會缺乏較高層級；例如，如果一個人不公正，那麼他也不厚道。我們可以由此看出，論題是某種普遍眞理，它遍及所有概念的類別，是以，人們可以將個案回溯到這些概念上，從中創造出自己的論證，並且援引它們做爲普遍合理的依據。然而，這當中也夾雜了許多極具欺騙性與例外的情況。舉例來說，某項論題表明：對立的事物具有對立的關係，譬如，「美德是美好的，惡行是醜陋的」、「友好是善意的，敵對是惡意的」，然而，若說「浪費是惡行，吝嗇是美德」、「愚者說眞話，智者說假話」便說不通，而「死亡是消失，生命是出現」則是錯誤的。至於具有欺騙性的論題，例如：在《論宿命》（*De praedestinatione*）一書的第三章裡，史考特．愛留根納（Johannes Scotus Eriugena）爲了駁斥異端（這些異端認爲，上帝注定了兩種宿命，一是獲得救贖的選民，一是罰入地獄的棄兒），於是使用了這樣的論題（天知道是從哪來的）：「所有相互對立的事物，其原因必然也相互對立，因爲，同樣的原因造成了不同的、彼此相互對立的事物，這是理性所不容。」好吧！可是，經驗告訴我們，同樣的熱可以讓陶土變硬、讓蠟變軟；類似的東西還有成千上百。上述的論題似是而非。不過，史考特．愛留根納倒是很冷靜地將他的證明（與我們毫無關係）建立在這項論題上。培根曾將一系列論題及其反駁集結起來，收錄於《善惡之色》（*Colores boni et mali*）一書中。我們在此引用它們做爲例子。培根稱呼它們爲詭辯。論證也可以被視爲論題。在《會飲篇》（*Symposium*）裡，對於將美、善等所有優良特質附於愛裡的阿伽頌（Agathon），蘇格拉底曾以論證來證明反面觀點：「一個人會去追求自己所沒有的東西，由於愛會去追求美與善，所以愛並不具備美與善。」這項論證帶有某種表象，彷彿存在著某種可適用在所有事物上的普遍眞理，換言之，借助這樣的眞實性，無論事例再怎麼多元，我們也可以在不去細究其特殊性的情況下判斷所有發生的事例。（賠償法是項很好的論題。）不過，這是不可行的，同樣因爲概念是透過差異的抽象化所產生，因此它們包含了天差地別的事例在裡頭，當天差地別的個別事例借助概念彼此結合在一起，並且只根據上位的概念而被確定，這些天差地別的事例很容易便會再度冒出頭。當人們在爭論中受到逼迫，他們甚至會自然而然地躲到某項普遍的論題背後尋求解救。論題也是「自然的簡約法則」，還可說是「自然不會做徒勞無功的事」。是的，所有的諺語也是帶有實用傾向的論題。

一項關係裡。這是整個辯證法的基礎。在此八卷的著作當中，亞里斯多德列舉了概念在這四種面向上能交相構成的所有關係，並且為每種可能的關係賦予規則，像是某項概念如何才能與其他概念形成「本質特徵」、「屬性」、「種」或「定義」的關係：在關係建立上容易犯下哪些錯誤，每次建構這樣的關係必須注意什麼，還有，當別人建構了關係，我們能做什麼來反駁。他將分類概念相互間的規則，或一般關係的構成，稱為「所在」（希臘文為「τοπος」，拉丁文則為「locus」，原本的意思是指「論證可以在哪裡被發現」，引申為「論題」），並且整理出三百八十二個這樣的「論題」；因此，這部著作被稱為《論題篇》。在這部著作裡，亞里斯多德還附上一些與爭論有關的一般規則，只不過這些規則還遠遠不夠詳盡。

論題並非純實質的，並非關係某個特定的對象或概念。事實上，論題總是涉及一整個分類之概念的關係，只要我們從上述四種面向之一來觀察，這個關係可以是無數個概念共同擁有，也會出現在每個爭論之中。這四種面向還可以繼續往下分類。在這裡還是能見到某種程度上的形式，卻並非像在邏輯學裡那般的純形式，因為它們涉及概念的內容，不過是以形式的方式涉及；更確切來說，這些形式指明了，概念A的內容必須與概念B的內容處於怎樣的狀態，才能讓這個概念成為另一個概念的「種」、「特徵」、「屬性」、「定義」，或是根據從屬於它們的子類而構成「對立」、「原因與結果」、「具備與缺乏」等等。每個爭論都會涉及某種這樣的關係。亞里斯多德將大多數的規則同樣指為與這些關係有關的「論題」，這些規則是源自於概念關係的本質。每個人都曉得這樣的規則，也都自動認為對手必須遵守這樣的規則，正如在邏輯方面。在特殊情況裡，相較於想起與此有關的抽象論題，我們其實比較容易觀察到這些規則，或是注意到它們被忽略。因此，這套辯證法的實用價值並不大。亞里斯多德所說的東西其實是不證自明的，健全的理性會自動遵守。舉例來說：

「如果某個事物陳述某個『種』，它必然也會陳述這個種的某個『屬』。若非如此，這樣的陳述便是錯的。舉例來說：如果我們主張靈魂是運動的，就必須根據運動的某個屬來考察靈魂是否可能在運動，例如飛翔、行走、增長、衰減等等。換言之，如果某個事物不屬於某個『屬』，它也不會屬於某個『種』。這便是這項『論題』。」這項論題適用於立論與反駁。它是第九個「論題」。同樣的，反過來說，如果某個事物不具備「種」的性質，它也不會具備「屬」的性質。例如，我們聽說，某人說了另一個人的壞話；如果我們能夠證明，那個人根本什麼也沒說過，那麼他就不可能說了別人的壞話；因為，如果不存在「種」，也就沒有「屬」可言。在「特性」這個類別裡，第二一五個論題是這麼說的：「首先，關於反駁，我們必須考察，對方是否將某些只有感官才能察覺到的東西描述為『特性』。苟如此，那麼對方便沒有正確說明特性。因為所有的感覺對象一旦脫離了感覺的範圍便會變得不確定。例如，如果有人將太陽的特性設定為在地球上空運轉最明亮的星體，這就不可能正確指出太陽的特性；因為，當太陽下山時，它是否仍在地球上空運動，這點我們就不清楚了，因為這時它已脫離了感覺的範圍。其次，在立論上，特性是否被正確描述，我們則必須觀察，它是否並非唯有感官才能認識，或雖是感官所能認識，但卻必然存在。例如：把表面的特性描述為『首先賦予了顏色的事物』，雖然其中包含了感官的因素，不過這樣的因素顯然永遠存在，因此這樣的描述是正確的。」關於亞里斯多德的辯證法概念就為讀者介紹到這裡。在我看來，他的辯證法無法達到我們的目的。是以，我只好另尋他法。西塞羅的《論題》（*Topica*）是部憑著記憶模仿亞里斯多德的作品，極為膚淺並且慘不忍睹。西塞羅顯然搞不清楚「論題」的概念和目的是什麼，於是他便自由發揮，張冠李戴地將各式各樣的工具攪在一起，並飾以滿滿的法律事例。這部作品可說是他的最爛代表作之一。

若要單純地創立辯證法，我們必須捨棄對客觀真理的關注（那是邏輯所要關注的事），必須將辯證法視為維護（我們自己的）正確性的藝術；如果我們本身在事實上就是對的，顯然就更容易做到這一點。但是這樣的辯證法旨在教導我們如何防禦各式各樣的攻擊（尤其是那些不誠實的攻擊）、如何才能在不自相矛盾與完全不會被反駁的情況下，主動對他人的主張發動攻擊。我們必須徹底地將「發現客觀真理」與這套「維護（我們自己的）正確性的藝術」脫鉤。前者是截然不同的行為所屬之任務，是判斷力、思考、經驗的工作，並沒有自己的技藝；然而，後者則是辯證法的目的。有人把它定義成「假象的邏輯」，這樣的說法不對；因為，如此一來，它只能用來維護那些虛假的陳述。可是，就連我們自己是對的的時候，我們也需要辯證法來捍衛自己的正確性。再者，為了對付各種狡詐的詭計，我們也必須認識它們；是的，為了以彼之道還施彼身，我們三不五時也得運用敵人使的詭計。因此，在辯證法方面，我們必須將客觀真理擱在一旁或當成偶然，將注意力擺在防衛自己的主張和推翻他人的主張之上。此外，由於人們多半不曉得客觀真理何在，因此我們不應去考慮它們[8]。我們經常不曉得自己是不是對的，也經常認為自己是對的，可是實際上卻是錯的，甚至雙方都認為自己的對的。因為，誠如德謨克利特（Democritus）所言：「真理隱於深處。」一般來說，在發生爭執之初，每個人都會認為自己有理，不過在爭執的過程中，雙方則會變得沒那麼肯定，到頭來，最要緊的仍是要發掘與確認真理。這並非辯證法所要做的。誠如擊劍者在決鬥時關心的並非誰是誰非，而是如何出招與接招，在爭執中施展的辯證法也是一樣。它可說是種思想的劍術。唯有如此純粹的定義，它才能建立自己的學科。如果將目的設為純粹的客觀真理，我們就會回到單純的邏輯上；反之，如果將目的設為貫徹錯誤的陳述，我們就會落入單純的詭辯（Sophistik）。這兩方面都是以我們已知客觀真假為前提，遺憾的是，我們卻很少能夠事先對此有明確的認知。故而，辯證法真正的概念如下述：在爭論中維護（我們自己的）正確性的思想劍術。雖然「論爭術」（Eristik）一詞或許更恰當，不過「論爭辯證法」才是最正確的說法。這套方法非常有用，可惜在近代錯誤地為人忽視。

當人們發現到，在爭執中真理並非站在自己這一方，卻又想維護自己的正確性，大多數的人往往會去利用一些天生的技藝。辯證法應該只是總結與介紹這些技藝的系統與規則。因此，如果我們在科學的辯證法裡去顧慮及發掘客觀真理，將會非常不恰當。因為這並非原初、自然的辯證法所關涉的，它的目的其實只是堅持正確性而已。是以在我看來，科學的辯證法的主要任務在於列舉與分析爭論裡的詭詐技巧；如此一來，人們便能在真正的辯論中立刻識破並化解它們。職是之故，在介紹辯證法時同樣必須坦承地表示：其終極目的只是堅持正確，而非客觀真理。

雖然我在這方面多有鑽研，不過，迄今為止，卻仍未發現有誰就上述的意義做出

8 我們經常可以見到，兩個人原本爭執得面紅耳赤，接著他們帶著他人的意見回家，彼此完成了意見的交換。

研究成果[9]；換言之，這還是塊尚未開墾的領域。為了達到目的，我們必須借鑒經驗，必須觀察，在一般常見的辯論裡，雙方是如何使用這些或那些技巧，進而在技巧不同的面貌中回溯它們的共同點，進而列出普遍適用的計策。如此一來，不僅在我們自己使用時，就連在阻止他人使用時，這些計策都能帶來莫大的助益。

以下的內容應被視為初次嘗試。

9 根據第歐根尼·拉爾修的說法，在泰奧弗拉斯托斯（Theophrastus）全部佚失的許多與修辭學有關的著作裡，有一部名爲《爭執理論實戰手冊》（*Αγωνιστικον της περι τους εριστικους λογους ϑεωριας*），這或許就是我們所要講述的事。

辯證法的基礎

首先必須觀察的是所有爭論的本質，換言之，在每個爭論裡到底發生了什麼。對手提出了論點（或是我們自己提出了論點，這是一樣的）。如何反駁它，則有兩種模式與兩種路徑。

兩種模式：一、**對事**，二、**對人**，或是**基於對手的讓步**。更確切來說，我們要不就指出對手的陳述與事物的性質不符（換言之，與絕對的客觀真理不符），要不就指出對手的陳述與對手的其他主張或所承認的事實不符（換言之，與相對的主觀真理不符）；後者只是相對的證明，與客觀真理完全無關。

兩種路徑：一、**直接反駁**，二、**間接反駁**。直接反駁是在論點的理由上攻擊論點，間接反駁則是在論點的結果上攻擊論點。直接反駁是指出「論點並非為真」，間接反駁則是指出「論點不可能為真」。

在直接反駁方面，我們可以採取兩種方式。要不指出對手主張裡的理由為假（否認大前提、小前提），要不承認其理由，但指出其主張無法從提出的理由推得（否認推論），換言之是攻擊一致性、推論的形式。至於在間接反駁方面，我們則需要反證法（Apagoge）或引例（Instanz；或稱「反例」）。

1. 反證法（Apagoge）：我們先假設某個命題為真，接著再指出，當我們將這個命題與另一個被確認為真的命題共同做為推出某個結論的前提時，會得出什麼結果。這時會產生一個看來是假的結論，它若非與事物的性質矛盾[10]，便是與對手自己其他的主張矛盾，也就是「對事」或「對人」為假（參閱蘇格拉底在

10 如果它完全與某項不容置疑的眞理矛盾，我們便將對手歸成了荒謬。

《大希比阿篇》〔*Hippias Major*〕等篇章中的論述）。如此一來，原本假設為真的命題便為假，因為真前提不能得出假結論，雖然假前提並非必然得出假結論。

2. 引例或反例（Die Instanz, ενστασι, *exemplum in contrarium*）：藉由直接證明全稱命題並不適用於某些其指涉的個別情況，換言之，它本身必然是錯的，來反駁全稱命題。

這便是基礎骨幹，爭論的骨架：我們現已掌握了爭論的骨骼學。因為，基本上，所有的爭論都能回溯至此。但是這一切都可能是確實或僅是貌似為真地發生，伴隨真實或不真實的理由。由於不太容易準確無誤地看出端倪，因此辯論總是冗長又艱困。我們同樣無法在說明中區別真實與虛假，因為爭執者本身也從不曾事先確定真假。因此，在我提出以下這些技巧時，絲毫不考慮在客觀上究竟是對還是錯。因為我們自己無法確知這一點。唯有先透過爭執，我們才能發現對錯。順道一提，在每個爭論或辯論中，每個人都必須同意某些事情，並且雙方都願意以此做為判斷爭議問題的準則：而跟那些否定判準的人是沒有什麼可爭辯的。

辯論三十八計

第一計：擴張 Erweiterung

擴張。將對手的主張引申至其自然界限之外，盡可能對它做普遍、廣義的解釋，盡可能將它誇張。相反的，對於我們自己的主張則盡可能做狹義的解釋，將它限縮在狹小的範圍裡。因為，一項主張指涉的越是普遍，便會面臨越多的攻擊。解救的方法是：準確地列出爭執的要點或情況。

例一：我說：「英國人是頭一個擁有戲劇藝術的民族。」對手想要借助一個引例反駁：「眾所周知，他們在音樂方面，連帶在歌劇方面沒有任何成果。」

我提醒對方「戲劇藝術並不包含音樂，它所指的只有喜劇和悲劇」，藉此做出反駁。對方其實非常清楚這一點，他只是試圖將我的主張普遍化，藉此將連同歌劇與音樂在內的所有戲劇表演統統納入我的主張裡，進而穩穩地對我施加攻擊。反過來，我們可以藉由限縮自己主張的原意來拯救自己的主張；只要使用的表達方式對此有利。

例二：A表示：「一八一四年的和議甚至賦予德國所有的漢薩同盟的城市獨立。」B提出反例表示，這項和議讓但澤市失去了拿破崙所賦予的獨立。A則以這樣的說法來挽救自己的主張：「我說的是德國的漢薩聯盟的城市，但澤市卻是波蘭的漢薩同盟的城市。」

亞里斯多德早在其《論題篇》裡（《論題篇》第八卷第十二章十一節）便已傳授過這樣的技巧。

例三：拉馬克的《動物哲學》（*Philosophie zoologique*）認為，水螅沒有任何知覺，因為牠們沒有神經。然而如今我們可以確定牠們是有知覺的。因為牠們跟隨亮光時會藉著巧妙的方式在樹枝間移動，牠們還會捕捉獵物。因此人們便假定，牠們的神經系統彷彿融化般平均分布在整個身體上，牠們雖然不具備個別的感覺器官，卻顯然具有知覺。

由於這點與拉馬克的看法相抵觸，因此他便以辯證的方式辯駁：「如此一來，水螅身體的每個部分都具備各種感知能力，而且還具備各種運動的、意志的、思考的能力。若如此，水螅身體上的每個點都擁有最完美的動物的所有器官，每個點不僅都能視、聽、嗅、嚐，也都能思考、判斷和推論。牠們的身體的每個粒子都會是一隻完美的動物。不僅如此，由於牠們的每個粒子都具備一個完整個人才有的能力，因此水螅甚至比人類還高等。此外，人們對水螅的主張，沒有理由不能延伸到所有生物中最不完美的單細胞生物上，沒有理由不能延伸到同樣具有生命的植物上，以此類推。」藉由這樣的辯證技巧，這位作家透露出，他暗自意識到自己是錯的。因為人們說的是：「水螅的整個身體可以感光，是以牠們其實具有神經。」可是他卻從中導出牠們的整個身體都能思考的結論。（參閱第一一三頁起）

第二計：利用多義詞 Homonymie

利用「多義詞」，將對方提出的主張延伸至同一用語原本完全沒有，或僅有些微指涉的事物上，接著對此嚴厲反駁，用以製造一種反駁對方的主張的假象。

註解：「同義詞」（synonym）指的是「多字一義」，「多義詞」指的則是「一字多義」。參閱亞里斯多德的《論題篇》第一卷第十三章。低、尖、高，有時用來形容身體，有時用來形容聲音，它們是「多義詞」。誠實與正直則是「同義詞」。我們可以將這種技巧視為等同於「借助多義詞的詭辯」。然而，這種明顯的多義詞詭辯並不容易令人上當。

所有的光都會被熄滅
理智是光

我們在這裡立刻就能察覺到四詞誤謬：真正的光與意象的光。不過，在較為精緻的例子裡，我們就很容易上當；更確切來說，就是當同樣的表述所指涉的不同概念彼此相關，並且可以互相轉化。

例一[11]：A表示：你尚未領略康德哲學的「奧祕」。B回答：喔，我一點也不想知道「奧祕」（指「神祕」）在哪！

例二：我唾棄名譽原則。根據這樣的原則，人們一旦受辱便會淪為不名譽；除非還以對方更大的侮辱，或以對方或自己的鮮血來洗刷恥辱。如此的行為實在令人費解。我的理由是，真正的名譽並不會因受辱而有所損傷，唯有人們自己的言行舉止才會損傷名譽，因為每個人都有可能無端受辱。

對手直接針對我的理由發動攻擊。他明白地對我指出，如果某位商人被人誣指做生意粗心大意、不老實甚或詐欺，這便是對其名譽的一種攻擊。在這種情況裡，他的名譽只是因受辱而損傷；唯有讓攻擊他的人受到懲罰，或收回他所散布的謠言，這位商人才能重建自己的名譽。

在上述的情況裡，對手借助多義詞將「公民名譽」（一般稱為「好名聲」），會因遭到毀謗而受損）轉化為「騎士名譽」（一般稱為「事涉顏面之事」，會因遭到羞辱而受損）的概念。由於前者所遭受的攻擊不容忽視，必須藉由公開駁斥加以抵禦，因此，基於同樣的權利，後者所遭受的攻擊同樣不容忽視，必須藉由決鬥或還以更強烈的侮辱來加以抵禦。也就是說，利用「名譽」這個多義詞，將兩種本質上並不相同的事物混淆在一起，藉此來達到改變爭議問題的目的。（參閱第一一五頁起）

11 故意虛構的事例從未好到足以騙人，因此，我們必須從自己的實際經驗中收集事例。如果我們能賦予每項技巧一個既簡短、又恰當的名稱，那會非常有益，借它們之助，我們可以視實際情況迅速地捨棄這種或那種技巧。

第三計：絕對化 Verabsolutierung

先將對手以相對的方式所提出的主張[12]解釋成普遍的、絕對的，或至少以完全不同的脈絡來曲解，接著再依據自己所曲解的意涵去駁斥對手的主張。亞里斯多德所舉的例子為：黑種人是黑的，不過他們的牙齒卻是白的，是以，他們同時既是黑，又是白。這是個胡謅的例子，沒有人會輕易上當。且讓我們舉個基於真實經驗的適例。

範例：在一場哲學的對話裡，我承認，我的思想體系擁護與讚揚寂靜主義。——不久之後，我們聊到了黑格爾。我說，他寫的東西大部分都是胡說八道，或者，至少在他的著作的許多段落裡，讀者都必須自行為作者的文字賦予意義。

對手並不以「對事」的方式來反駁我的說法，而是提出了「對人」的論據：「你不是讚揚那些寂靜主義者嗎？他們不也寫了不少胡說八道的東西！」這點我承認，不過我糾正對方，我並非稱頌寂靜主義者是哲學家或作家，換言之，我讚揚他們並非基於他們在理論方面的成就，只是基於他們的所做所為，以人來稱頌他們，只是基於實踐方面。相反的，我談論黑格爾的是他理論方面的成就。於是，對手的攻擊被我化解了。

上述的三種技巧有些類似，它們的共同之處在於：曲解對手的原意。換言之，如果人們就這樣被打發，他們便上了「歪曲論題」（ignoratio elenchi）的當。

12 由相對的陳述轉爲絕對的陳述之詭辯。這是亞里斯多德的第二項詭辯反駁，「詭辯的反證完全不必去理會，對方的措辭其實並非指全然是或全然不是，而只是指在某個方式、某個處所、某個時間或某個脈絡下的某事。」《詭辯篇》第五章。

當。因為，在上述所有例子裡，對手說的其實都是對的。他們說的並非確實與論點矛盾，事實上只是貌似有矛盾。換言之，他們所要攻擊的對手否決了他們的結論的必然性。也就是說，他們陳述的真實最終被我們的虛假所取代。是以，這可說是藉由否定推論直接反駁對方的反駁。由於我們事先預見了推論結果，因此避開了真實的前提。下述的第四計和第五計的方法和此相反。（參閱第一一六頁）

第四計：迂迴 Umwege

如果我們想要製造某種結論，最好別被人事先看出，應當零零散散地提出需要的前提，讓這些前提分別在對話中獲得承認；否則的話，對手會嘗試用各種方法來刁難。

萬一沒有把握讓對方承認我們所需要的前提，不妨提出這些前提的前提；換言之，製造一些先決三段論。我們應以雜亂無章的方式提出這些先決三段論，讓它們隱含的前提在混亂中獲得承認。更確切來說，將我們的把戲隱藏起來，直到所需的一切獲得承認。也就是說，設法從遠處引來結論。亞里斯多德曾於《論題篇》第八卷第一章提出這項方法。

不需範例。（參閱第一一七頁起）

第五計[13]：利用假前提 Prämissen ad populum und ex concessis

如果對手不承認真前提（若不是因為他們看不出它們的真實性，就是因為他們看出我們的論點會立即由此得出），我們不妨利用假前提來證明自己的陳述。在這種情況下，我們可以利用那些本身雖然錯誤、但對手卻誤以為真實的陳述，並輔以對手認可的思考方式來進行論證；因為假前提也可以得出真結論，雖然真前提絕不能得出假結論。同樣的道理，我們也可以利用對手誤以為真的錯誤陳述來反駁對手的錯誤陳述。由於我們要利用的是對方的錯誤思維，因此必須採取對方的思考方式。舉例來說，如果對手是某個我們並不認同的宗派成員，我們不妨利用該宗派的格言做為反駁他的原則。參閱亞里斯多德的《論題篇》第八卷第九章。（參閱第一一八頁起）

第六計：隱藏的循環論證 Versteckte petitio principii

將我們必須證明的事項設為前提，藉此製造隱藏的「循環論證」。方法一，代以別的名稱或概念，例如，以「好名聲」取代「名譽」、以「美德」取代「貞操」、以「紅血動物」取代「脊椎動物」。方法二，讓那些在個別情況裡會引發爭議的事情在普遍情況中得出，例如，想要主張醫學不可靠，則將人類所有的知識的不可靠設為前提。方法三，如果兩者是處於「反之亦然」、互為因果的狀態，若要證明其中一者，便將另一者設為前提。方法四，如果要證明普遍情況，不妨讓個別情況分別獲得承認（方法二的反向操作）（參閱亞里斯多德的《論題篇》第八卷第十一章）。在亞里斯多德的《論題篇》的最後一章裡，提到了不少練習辯證法的好法則。（參閱第一二〇頁起）

13 屬於前項技巧。

第七計：讓對手承認的多於必要 Mehr zugestehen lassen, als nötig

如果爭論進行的方式既嚴格又正規，而人們想要清楚地達成共識，在這種情況下，提出主張並且負有證明之責的人不妨追問對手，藉此從對手自己讓步中推得主張的真實性。這套問答方法在上古時期特別流行（又稱為蘇格拉底式）。現在所介紹的這項技巧與後述的一些技巧，都與這樣的問答方法有關。（全是依據亞里斯多德的《詭辯篇》（*Liber de elenchis sophisticis*）第十五章自由加工。）

在詢問方面，應當一次問得既眾多又詳盡，藉此來隱藏我們實際上所要承認的事。相反的，在陳述方面，則應當迅速地陳述由我們所承認的事所構成的論證。因為理解力運作遲緩，不僅無法準確地跟隨，更會忽略掉證明中可能出現的漏洞與錯誤。（參閱第一二一頁起）

第八計：提出挑釁問題 Durch Fragen provozieren

把對手惹毛。一旦陷入憤怒狀態，對手便無法正確地做出判斷與認知自己的優勢。我們可以毫不掩飾地對對方做些不正當的事、騷擾對方、厚顏無恥地耍賴等去惹毛對方。（參閱第一二三頁起）

第九計：打烏魚戰術 Zugeständnis von Umwegen

切勿以井然有序到有利於從中看出結論的方式提問，而應以混亂的方式提問。如此一來，對手便無法事先看出結果，從而也無法預防。另一方面，視對方回答的實際內容，我們也可以利用對方的答案，去得出不同甚或完全相反的結論。這項技巧與技巧四類似，重點在於妥善地掩飾出招的過程。（參閱第一二三頁起）

第十計：惡意操縱 Zugeständnis aus Trotz

如果我們發現，對手有意否定對於我們的陳述必須答以肯定的問題，那麼我們就必須改為詢問我們所需要的陳述的反面，彷彿我們意欲肯定反面陳述，或者，至少我們應該提供對方正反兩面的選擇，如此一來，對方才無法察覺什麼陳述才是我們意欲肯定的。（參閱第一二五頁起）

第十一計：歸納對手承認的事實 Induktionen aus Zugeständnissen

當我們做出一項歸納，而對方對於某些可讓這項歸納成立的個別情況表示同意，那麼我們就不該去詢問對方，是否同樣承認由這些個別情況所歸納出的普遍真實性，反而應當在那之後，逕行將這樣的普遍真實性表述成已然獲得澄清與認可。因為如此一來，對手有時會相信自己已經對此表示承認；就連旁觀者也會產生這樣的想法，因為他們會想起能讓我們達到目的的個別情況有關的許多問題。

（參閱第一二六頁起）

第十二計：委婉語和粗直語
Euphemismen und Dysphemismen

如果我們談論的是一個普遍的概念，可是這個概念並沒有自己的名稱，而必須透過某種比喻來指涉，那麼我們在選擇比喻時，就必須選擇有利於我們的主張的比喻。舉例來說，在西班牙，「極端反動派」與「自由派」這兩個形容政黨的名稱，肯定是由後者所選用。「抗議宗」（又稱「新教」）與「福音派」也是這些人所選用。然而，「異端」一詞則是由天主教徒所選用。同樣的情況也適用於事物的名稱，這方面涉及到的更為本質。例如，如果對手建議某項改變，我們就稱之為「搞怪」，因為這個字眼不懷好意。反之，如果我們自己是建議者，情況則顛倒過來。

在第一種情況裡，我們將反對面稱為「既有秩序」，在第二種情況裡則稱其為「陋習陳規」。被中立、不帶特殊意圖的人稱為「文化事宜」或「公開的信條」的事情，支持者會將其稱為「虔誠」、「虔信」，反對者則會將其稱為「盲從」、「迷信」。基本上，這是種精緻的「循環論證」，換言之，將我們想要證明的事情事先置入某些詞彙或名稱，接著再透過單純的分析判斷，便可從中得出我們要證明的結論。某人稱之為「受其個人所保護」、「處於其保護之下」的事情，他的反對者會將同樣的事情稱為「監禁」。發言者往往會在賦予事物名稱的行為裡暴露了自己的企圖。有人稱某些人為「僧侶」，另有人則稱他們為「禿驢」。由於這項技巧十分合乎我們的本能，因此，在所有的技巧中，它可算是最常被使用的一項技巧。「虔誠信仰」＝「狂熱」。「失身」或「獻殷勤」＝「通姦」。「模稜兩可」＝「曖昧」。「週轉不靈」＝「破產」。「透過影響力和人面」＝「藉助賄賂和裙帶關係」。「誠摯的謝禮」＝「豐厚的回報」。（參閱第一二八頁）

第十三計：兩害相權取其輕 Kleineres Übel

為了讓對方接受某項陳述，我們必須提出該陳述的反面供對手選擇；不過，我們必須以十分誇張的方式表達這項對立面。如此一來，為了避免矛盾，對手便不得不接受顯得比較可取的陳述。譬如，如果要讓對方承認，一個人必須完全聽命於自己的父親，我們不妨這樣問：「人們應該在所有的事情上聽從還是不聽從自己的父母？」又譬如，如果談到某件事「經常」發生，我們可以問，所謂的「經常」，究竟是指少數情況還是多數情況？這時對方便會回答「多數情況」。這就好比當我們將灰色與黑色擺在一起，我們可以說灰色是白的，當我們將灰色與白色擺在一起，我們則可以說灰色是黑的。（參閱第一二八頁起）

第十四計：自我宣稱 Recht behaupten

如果我們讓對方回答過許多問題後，依然得不到有利於我們所要的結論的答案，這時雖然無法從中得出我們想要的結論，不過還是可以將我們要的結論視為已然從中獲得證明，並且以凱旋的姿態大步向前。這可說是十分不要臉的耍賴。如果對手生性害羞或愚蠢，而我們自己則厚顏無恥且講話大聲，使出這招便可輕易得手。這項技巧屬於「誤推原因」（fallacia non causae ut causae）。（參閱第一三〇頁起）

第十五計：假動作 Finte

萬一我們提出了矛盾的陳述，從而陷入無法證明的窘境，這時不妨提出某個雖然正確、但也非一目了然的陳述，供對手拒絕或接受，彷彿我們意欲從中獲得證明。如果對方因猜疑而拒斥這項陳述，我們便可將對方歸於誤謬，從而凱旋得勝。如果對方接受這項陳述，我們顯然就是說了什麼有道理之事，接下來必須進一步細察。或者，也可以輔以上一計，這時乾脆直接宣稱，我們的矛盾從中獲得了證明。雖然這種做法厚顏無恥，不過就經驗看來，這種事情其實也屢見不鮮；某些人天生就是擅長做這種事。（參閱第一三一頁起）

第十六計：挑釁 provocatio

對人或基於對手讓步的論證。我們必須在對手的主張上找找看，它是否與對手先前所陳述或承認的某些事情有矛盾（必要時，只是貌似矛盾也行），是否與對手支持與讚揚的學派或宗派的信條有矛盾，是否與該宗派的成員（只是貌似，並非真的成員也行）的所做所為有矛盾，或者，是否與對手個人的作為與不作為有矛盾？

舉例來說，如果對手為自殺辯護，我們可以立刻高喊：「為何你自己不去上吊呢？」或者，如果對手主張柏林是個不適合人居的地方，我們可以立刻高喊：「為何你不立刻搭最近的一班快車離開呢？」無論如何，我們總是能雞蛋裡挑骨頭。（參閱第一三三頁起）

第十七計：吹毛求疵 Spitzfindigkeit

萬一對手利用一項反證來逼迫我們，如果涉及的事情容許雙重意涵或雙重情況，我們往往可以藉助先前未曾想到的細緻區別來解救自己。（參閱第一三四頁起）

第十八計：中斷討論 Diskussion unterbrechen

如果我們察覺到，對手採取的論證將會痛擊我們，我們肯定不能讓對手完成他的論證，不能讓他得逞。在這種情況下，我們應當及時中止、跳脫或轉移正在進行的爭論，並且顧左右而言他。簡言之，改變爭議問題。（參閱第二十九計）

（參閱第一三五頁起）

第十九計：將對手的論點一般化 Argumente ins Allgemeine führen

如果對手明白地要求我們，針對其主張的某一點提出反對意見，可是我們又苦無適合的說詞，這時我們就必須將事情提升至普遍層面，繼而對此表達反對意見。舉例來說，如果要表示，為何某個特定的物理假說不可信，那麼就去談論人類知識的不可靠，並且提出各式各樣的說明。（參閱第一三六頁起）

第二十計：隱匿證據 Beweise erschleichen

如果我們詢問對方前提，而對方也對此表示認可，那麼我們就不必再問可以由此推出的結論，只要逕行得出結論即可。甚至於，如果需要的前提尚缺一個或多個，也可以將它們視為同樣已經獲得認可，進而逕行得出結論。這是「誤推原因」的一種應用。（參閱第一三七頁）

第二十一計：以其人之道還治其人之身 Strategeme spiegeln

當我們識破對手虛假或詭辯的論證，雖然可以透過揭露它的強詞奪理和虛假來解決，不過，以同樣虛假或詭辯的反論證去對付它、化解它，或許會是更好的辦法。因為，重點其實不在真理，而在獲勝。舉例來說，如果對手提出了一個「對人的論證」，那麼利用「對人的（或基於對手的讓步的）反論證」便足以將它駁倒。此外，當對手提出一個「對人的論證」讓我們有機可乘時，採取這樣的方法也比冗長地討論事物的真實性來得精簡許多。（參閱第一三七頁起）

第二十二計：循環論證 Argument als petitio ausgeben

如果對方要求我們承認某些事情，而存在爭執中的問題將立即隨之而來，這時我們不妨將它打成「循環論證」，進而加以回絕。因為對手與旁觀者容易將某個與問題密切相關的陳述視為與問題相同。如此一來，我們便能避開對手最好的論證。（參閱第一三八頁起）

第二十三計：刺激對手誇大不實 Übertreibung provozieren

藉助矛盾與爭議，誇張地激化對手的主張。換言之，我們可以借矛盾之助去刺激對手，將某項本身在所屬範圍內無論如何為真的主張，提升到超出真理範圍外。在這種情況下，如果我們能駁倒這項誇大不實，便能營造出同樣駁倒了對手的原始陳述的假象。相反的，我們必須保護好自己，避免自己遭到誘導，被對手利用矛盾將我們引向誇大不實，或將我們的陳述過分地擴張。對手往往也會嘗試逕自擴張我們的主張到超出我們的原意。萬一遇到這種情況，我們必須立刻制止，並且表示「我的意思就只是這樣，沒別的意思」，藉此將我們的主張拉回界線裡。（參閱第一三九頁起）

第二十四計：利用結果反駁 Durch Konsequenzen widerlegen

操弄結果。利用錯誤的推論和扭曲的概念，我們可以硬是從對手的陳述裡得出某些荒謬或危險的陳述；這些陳述其實不包含在對手原本的陳述裡，也並非對手的本意。如此一來，便能營造出這樣的假象：對手的陳述會推得自相矛盾或其陳述與公認的真實相矛盾。這項技巧適用於間接反駁的「反證法」，同時也是「誤推原因」的一種應用。（參閱第一四一頁起）

第二十五計：利用反例反駁 Widerlegung durch Gegenbeispiel

利用「反例」的「反證法」為難對手。「歸納法」（Induktion）需要大量的事例，藉以讓它們的全稱命題成立。「反證法」則只需要提出一個與這項命題不符的事例，便足以推翻該命題。這樣的事例稱為「反例」。例如，「所有反芻動物都是有角的」，這項命題便會被駱駝這個反例給推翻。反例是應用普遍真理的一種情況，如果某項普遍真理的基本概念包含的某個事例不適用於這項真理，它便會因此被全盤推翻。不過，這當中也可能出現騙局，因此我們必須對對手所提出的反例做以下觀察：一、例證是否也為真；有些問題唯一的真實答案其實就是「不是真實的」，例如奇蹟、鬼故事等等。二、例證是否確實包含在所提出的真理的概念裡；這點往往只是貌似，透過清楚地區辨，便可將它們消除。三、例證是否確實與提出的真理處於矛盾；這點往往也只是貌似。（參閱第一四一頁起）

第二十六計：反轉論證 Retorsion

反轉論證是個更華麗的招數。我們可以妥善利用對手所需要的論證反過來對付他。例如，對手表示：「他是個孩子，所以我們必須和善地待他。」將論證反轉：「正因為他是個孩子，所以我們必須責罰他，好讓他不會養成壞習慣。」

（參閱第一四三頁）

第二十七計：火上加油 Provocation ausbauen

如果對手出乎你意料之外地對某項論證感到惱怒，我們就應當在這項論證上用力地大做文章。並非只是由於此舉有利於讓對手憤怒，更是因為我們很有理由假設，我們觸及到對方思想上的弱點，他比我們所見到的更容易在這個點上受創。（參閱第一四四頁起）

第二十八計：對旁觀者的論證 Argumentum ad auditores

這項技巧主要用於當博學者在一群無知的旁觀者面前發生爭執時。萬一我們既沒有「對事的論證」，也沒有「對人的論證」，不妨就採取「對旁觀者的論證」，換言之，提出一項只有專家才看得出其無效性的無效反駁。這樣的反駁不是要去唬倒對手，而是要去唬倒旁觀者。在旁觀者看來，對手彷彿被我們擊敗；特別是當反駁是以某種方式讓對手的主張顯得可笑。群眾們總是喜歡看人笑話，因此，我們應當設法將訕笑者拉到我們這邊。在這種情況下，對手必須費盡唇舌才有辦法指出反駁的無效。為此，他們還必須援引許多科學的原理或其他事例。遺憾的是，他們很難從無知的旁觀者中覓得知音。

範例：對手表示：在原始岩石形成之際，後來結晶成花崗岩或所有其他原始岩石的物質皆因受熱而呈液態，換言之，被熔化。而當時的溫度必然在大約蘭金溫度兩百度左右。這些物質結晶於覆蓋著它們的海平面下方。

我們做出「對旁觀者的論證」：在那樣的溫度下，當溫度上升至蘭金溫度八十度時，海水早就被煮沸，從而化為蒸氣飄散到空中。

旁觀者一陣哄堂大笑。為了將我們擊倒，這時對手必須指出，沸點並非只取決於溫度，它還取決於氣壓。只要有半數的海水以蒸氣的形式飄散在空中，沸點便會升高到即使在蘭金溫度兩百度下也不會沸騰的狀態。可惜他的說明並不奏效，因為對於非物理學家而言，這需要一篇論文。（參閱第一四五頁起）

第二十九計：轉移目標 Diversion

如果我們察覺到，我們會被對手擊中，那麼我們不妨做個轉移，換言之，開始去扯一件完全不同的事，彷彿這件事與原本的事情有關，是一項反駁對手的論證。如果客氣一點，多多少少讓轉移與爭執的事情沾上一點邊。如果厚顏無恥一點，則只要專注於對手，完全不要提及爭執的事情。

舉例來說，我稱讚，在中國並沒有天生的貴族，官職是憑考試結果來分配。我的對手卻主張，博學不比出身的優越（他比較看重這點）更讓人適於從事官職。這下他說錯話了。於是他馬上話鋒一轉：在中國，所有的階級都有可能被處以笞刑。接著他將這一點與毫無節制地飲茶關聯起來，並且以這兩者來責難中國人。如果這時立刻隨著對手的陳述起舞，不僅會被對手牽著鼻子走，還會把到手的勝利拱手讓人。

完全不理會所爭議的事情，而且還加碼表示「是的，你自己剛剛也這麼說」，這樣的轉移可說是十分厚顏無恥。這樣的轉移在某種程度上屬於「轉而針對人身」；我將在最後一計中說明這一點。嚴格說來，此處的這一計介於在最後一計裡要討論的「對人身的論證」與「對人的論證」之間。

這一計彷彿是與生俱來的，我們從一般人的爭吵中便可看出。也就是說，當某人對另一個人做人身的指責，被指責的人不會藉由反駁來回應對方的指責，而會同樣向對方報以人身的指責；這時他讓對方對自己所做的指責成立，彷彿對對方的指責表示同意。他就宛如大西庇阿（Publius Cornelius Scipio）不在義大利迎戰迦太基，而是遠赴非洲去直搗他們的巢穴。在戰爭時，這樣的轉移有時是有益的。然而在爭吵時，這麼做卻是不利的。因為此舉不僅會讓自己遭受的指責成立，還會讓旁觀者見到雙方的一切惡形惡狀。在爭論裡，這可說是沒有辦法的辦法。（參閱第一四七頁起）

第三十計：訴諸權威 Berufung auf Autoritäten

建立在敬畏上的論證。在這一計裡，我們需要視對手的知識水準而定的權威，藉此來取代論證的理由。塞內卡（Seneca）曾說：「每個人偏好相信甚於判斷。」（《論幸福生活》第一卷第四章）。倘若我們具備對手所尊敬的某種權威，事情就會變得十分簡單。如果對手的知識與能力越有限，就會有越多能對他發揮影響力的權威。反之，如果對手的知識與能力極高，就不太會有甚或幾乎完全沒有能對他發揮影響力的權威。在這種情況下，頂多只在他們所知不多或一無所知的學科、藝術或工藝方面，他們才會承認那些方面的專業人士的權威；其中或許還會夾雜些許的懷疑。相反的，一般人會對各種專業人士抱持崇高的敬意。他們並不曉得，那些以某種事物為業的人，其實並不愛那種事物，他們不過只是想以此來牟利罷了，而那些教授某種事物的人，其實鮮少對那種事物有徹底的了解，因為，那些會去徹底做研究的人，多半沒有什麼時間去教學。單就烏合之眾而言，便有許許多多他們會敬畏的權威。因此，如果找不到完全適合的，找個貌似適合的也行。

例如，我們可以援引某人在不同的脈絡或意義下所說的話。對手完全不擅長的權威，泰半都能發揮極大的影響力。沒有學問的人特別尊敬希臘文與拉丁文的成語。若有必要，我們不但可以扭曲、變造權威，甚至不妨自行偽造權威。在大多數的情況裡，對手手上並沒有可供參考的書籍，他們也不曉得如何去使用。這方面最漂亮的例子莫過於某位法國神父引述《聖經》的話。這位神父並不想和其他市民一樣，不得不鋪設自家門前的道路，於是他引用了《聖經》裡的話做為自己的依據：「願那些人發顫，我不發顫。」（*paveant illi, ego non pavebo*；法文的**paver**為「鋪設路面」之意，這位神父藉助拉丁文與法文相似的字形玩了一個文字遊戲）這樣的說法居然說服了市政官員。

就連普遍的成見也能被當成權威來利用。因為絕大多數的人都具有亞里斯多德所說的這種想法：在許多人看來是正確的事，我們就說它是正確的。是的，無論意見再怎麼荒謬，只要我們可以說服他人，大家都接受這樣的荒謬意見，便不會有什麼他人不容易接受的意見。範例不僅會影響他們的思想，也會影響他們的行為。他們宛如跟在領頭羊後面的一群羊，無論這隻領頭羊要將牠們帶往何方。對他們而言，死亡要比思考來得容易。他們會如此看重某項意見的普遍性，事實上是件很怪的事；因為，他們其實從自己身上就能看出，人們如何在未經任何判斷、僅因某個範例的情況下接受某些意見。可是他們卻看不到這一點，因為他們完全缺乏自知之明。只有那些出類拔萃的人才會有柏拉圖所說的「許多人有許多觀點」這樣的想法；也就是說，群眾們的腦袋裡其實存在著許多荒唐的想法，如果要去把它們弄清楚，必須大費周章。

嚴格說來，意見的普遍性並不是證明，更不是其正確性的可能原因。主張這種看法的人必然認為：一、遠離該普遍性所存續的時代會奪走它的證明力；否則的話，它們將喚回所有一度被視為正確的古老錯誤，例如，回歸托勒密體系，或是在所有新教國家裡恢復天主教。二、遠離該普遍性所存續的空間也會奪走它的證明力；否則的話，它們會讓佛教徒、基督教徒與伊斯蘭教徒心中的意見普遍性陷於困窘。（根據邊沁的《立法策略》〔*Tactique des assemblées législatives*〕第二部第七十六頁）

如果我們仔細地觀察便不難發現，所謂的普遍意見其實不過只是兩、三個人的意見。若是我們能夠留心這種普遍意見的形成方式，我們就會確信這一點。我們會發現，剛開始只有兩、三個人提出、主張或採取這樣的意見，而且人們會好心地相信，他們已然徹底檢驗過那些意見。起初會有一些別的人，由於先入為主地認為這些人具有足夠的能力，因而同樣接受了那些意見。接下來，又會有許多其他的人去相信這些已經接受了那些意見的人；他們的惰性會勸告他們，寧可立刻相信，也不要辛苦地去檢驗。就這樣，這些懶惰、容易受騙的追隨者數量與日俱增。因為一旦同意某項意見的聲音達到了一定程度的數量，支持者便會將這樣的情況解釋成，唯有基於其原因的有效性才可能達成。這時候，為了不被看成違背眾所公認意見的異議分子，或是自以為比天下人都聰明的小屁孩，剩下的那些人也不得不承認那些意見的普遍有效性。至此，同意成了義務。從這時起，那些有判斷能力的少數人必須噤聲。那些可以大放厥詞的，都是些完全沒有能力擁有自己的意見與判斷的人，而他們所說的，不過只是他人意見的回音罷了。儘管如此，他們卻是那些意見更為狂熱且不寬容的護衛者。因為，他們之所討厭異議者，並非由於這些人信奉別的意見，而是由於這些人具有想要自己判斷的自負；這是他們從來不曾自己做的事，這一點他們在暗地裡心知肚明。

簡言之，有能力思考的只有少數人，可是每個人都想擁有意見；如果無法自行創造出意見，除了把別人想好的拿來用，還能有其他的辦法嗎？既然情況如此，數百萬人的意見又有何價值？這就好比，我們從成千上百位歷史學家那裡知道某項史實，可是後來我們發現，他們其實是一個抄一個，到頭來，全都可以回溯到同一個陳述。（參閱皮耶．培爾〔Pierre Bayle〕的《彗星雜考》〔*Pensées sur les Comètes*〕第一部第十頁）

「我這麼說，你這麼說，最後每個人都這麼說，
如果人們總是這麼說，所能看到的，就只剩傳說了。」

儘管如此，在與一般人爭執時，我們還是可以將普遍的意見當成權威來使用。

總歸來說，我們會發現，當兩個平庸的人相互爭執時，他們不約而同選擇的武器多半就是權威，他們會以此來互相攻擊。當一個聰明的人與一個平庸的人發生爭執，依據對手的弱點順勢同樣使用這項武器才是上策。因為，我們很有理由假設，說理這項武器對於這樣的對手一籌莫展，他就好比受到堅甲護體的齊格飛，只不過，他的堅甲得自於浸泡在沒有思考與判斷能力的洪流裡。

在法庭上，人們其實只是依恃權威在進行爭執，依恃穩定的法律權威。判斷力的工作便是在發現法律，換言之，找出可以應用在所面臨的案件裡的權威。然而，若有必要，辯證法可以透過將彼此根本不適用的案件和法律曲解成看起來相互適用（反之亦然），藉此創造出充裕的操作空間。（參閱第一四八頁起）

第三十一計：宣稱不懂 Unverständnis äußern, Unverständlichkeit behaupten

萬一我們完全不曉得該說些什麼來反駁對手提出的理由，我們不妨機智地嘲諷自己的無能。例如：「您剛剛所說的已經超出了我薄弱的理解力。您說的或許十分正確，只不過，我無法理解，也不會做出任何判斷。」如此一來，我們便能暗示那些尊敬我們的旁觀者，對方所說的根本是無稽之談。是以，在《純粹理性批判》出版之際，或者，更確切來說，在它一開始造成轟動之際，許多舊折衷學派的教授都紛紛表示：「我們不懂那在說什麼碗糕！」並且自認為已透過這樣的方式把它除掉。然而，當一些新學派的擁護者向他們指出：「他們說的的確沒錯，他們確實就是不懂！」這些人便惱羞成怒。

我們只能在確定旁觀者對我們的敬重壓倒性地高過對對手的敬重的場合裡，

使用這一計；例如，以教授的身分對抗學生。這一計其實是前一計的變化，它以格外惡意的方式，藉由主張自己的權威來取代敘明理由。反制的技巧是：「恕我冒昧，不過，您既然具備過人的洞察力，理解我所說的話對您而言自是小菜一碟，無法讓您理解只能怪我表達得不好。」這下子我們讓對方吃了悶虧，無論他是否願意，都必須理解我們所說的事情；此外，他剛才明明對我們所說的事確實是不了解。簡言之，出招的方法就是：對方想要暗示我們在「胡說八道」，我們就凸顯對方其實是「愚昧無知」。雙方都彬彬有禮！（參閱第一四九頁起）

第三十二計：以遞迴的方式反駁 Widerlegung durch Rekursion

我們可以將對手提出的某項反對我們的主張，置於某個可憎的類別之下（即使它與該類別的關聯僅是表面的或鬆散的），藉此以抄捷徑的方式將這項主張排除，或至少讓它變得可疑。舉例來說，這是摩尼教，這是阿里烏教派、是伯拉糾主義、是觀念論、是史賓諾莎學說、是泛神論、是布朗學說、是自然主義、是無神論、是理性主義、是唯靈論、是神祕主義等等。

在這當中，我們假定了兩件事：一、那項主張確實與那個類別相同，或至少包含在那個類別裡；於是我們高呼：喔，這個我們早就知道了！二、這項類別已完全遭到反駁，從而不可能含有真實的陳述。（參閱第一五一頁起）

第三十三計：否決實用性 Anwendbarkeit leugnen

「理論上這或許是對的，實際上這卻是錯的。」藉由這項詭辯，我們承認了原因，也同時否定了結果，從而讓對方的主張與「推論必然會從原因推出結果」這項法則矛盾。更確切來說，這時對方的主張處在一種不可能的狀態：理論上是對的事情，在實際上必然也會是對的；若非如此，在理論上便存在著某種錯誤。也許有什麼事情遭到忽略而沒有被考慮到，所以那項主張在理論上也是錯的。

（參閱第一五一頁起）

第三十四計：針對弱點窮追猛打 Einkreisen

如果對手對於我們提出的某個問題或論證不給直接的答覆或決定，而是以反問、間接的答案，甚或完全顧左右而言他等方式來回應，這便是我們擊中其（迄今我們尚未知曉的）弱點的可靠跡象。對方會突然變得支支吾吾。這時我們應該針對被我們撩撥的點窮追猛打，將對手牽制其中，即便我們尚未完全看清對手被我們觸及的要害究竟在哪。（參閱第一五二頁起）

第三十五計：釜底抽薪 Argumentum ab utili

只要這一計奏效，就不必使用其他計。與其用理由來影響對手的理智，我們不妨改以動機來影響對手的意志，如此一來，我們將立刻博得對手（就連旁觀者也一樣，如果他們具有相同的利益）讚許我們的意見。因為，一般說來，一羅特（舊時重量單位，約等於三十分之一磅）意志要比一公擔（傳統一英擔約等於一一二磅）的理解與確信來得重。只不過，這一計唯有在特殊情況下才可行。我們可以讓對手感覺到，如果他的意見是說得通的，這項意見將對他自己的利益明顯造成損害。如此一來，他便會像不小心握到熱鐵一般，趕緊拋棄自己的意見。舉例來說，某位神職人員為某項哲學教條辯護，這時我們不妨為他指出，這項哲學教條與他所屬教會的基本教條相互矛盾，他便會摒棄這項哲學教條。

某位地主表示，英格蘭擁有十分卓越的機械工業，在那裡，蒸氣機可以完成許多人才能完成的工作。人們為他指出，不久之後，車輛也會改由蒸氣機來推動，到時候，他無數的馬匹養殖場裡的馬匹身價將暴跌；這樣的景況將是指日可待。在這樣的情況裡，每個人的情感一般來說「就好比我們粗心地擬定了一條對我們自己不利的法律」。

同樣的，如果旁觀者與我們同屬某個教派、行會、行業或俱樂部，而對手則否，一旦我們指出，他的論點與上述諸如行會等某個組織的共同利益相抵觸，所有的旁觀者便會認為，相較於對手的論證（無論它們多麼出色、薄弱或卑鄙），我們的論證（即使只是憑空捏造）既正確又中肯。我們的身邊會有一群人齊聲附和，對手則會羞赧地黯然退場。旁觀者多半會認為，自己之所以同意，完全是因為被道理說服，因為，在我們的理智看來，那些對我們不利的事多半是荒謬的。「理智並非一盞不需燃油的明燈，它依靠的是意志與熱情的灌注。」（參閱培根《新工具》（*Novum Organum*）第一卷第四十九章）我們可以將這一計形容成「釜底抽薪」，一般則被稱為「功利論證」。（參閱第一五三頁起）

第三十六計：空話連篇 Simuliertes Argument

利用滔滔不絕的空話讓對手吃驚、困擾。這一計的基礎是：

「當人們只是聽人說話，他們會習於相信。
在這個過程中，還是必須讓人可以有所思考。」

（參閱歌德《浮士德》第一部）

如果對手暗地裡知曉自己的弱點，如果他喜歡聆聽各式各樣自己不懂的事情，而且又愛在聆聽過程中不懂裝懂，那麼我們不妨帶著嚴肅的表情，以某個聽起來很有學問或深度的空話（當對方遇到這樣的空話時，會喪失視、聽與思考的能力）愚弄對方，並且佯稱，這是對於我們所提出的論點最無可爭議的證明，藉此讓對方對我們欽敬不已。眾所周知，近代有不少哲學家極為成功地利用了這項技巧，即使他們面對的是全體大眾。然而，由於現今全都是些齷齪的例子，且讓我們從奧立佛·高德史密斯（Oliver Goldsmith）的《維克菲德的牧師》（*The Vicar of Wakefield*）這本小說裡舉個老一點的例子：

「沒錯，法蘭克！」鄉紳呼喊道，「我或許會被這玻璃悶死。然而，一個漂亮的姑娘具有的價值，堪比全國所有神職者的權術。他們的什一稅及各種巧取豪奪與詐欺有何兩樣，這一切全是個該死的騙局，這點我能證明。」

「但願你能，」我的兒子摩西呼喊道，「而且我想，」他接著說，「我應該有能力站在反方迎戰。」鄉紳隨即對他吐了一口煙，呼喊道，「好極了，先生，」並且向其他人眨眼示意，準備看好戲，「如果你對這件事情有什麼很棒的說法，我已經準備好接受挑戰。不過，我首先要問，你是贊成以類比還是對話的方式來處理這個問題？」

「我贊成以理性的方式來處理這個問題，」摩西呼喊道；對於對方答應與他進行爭論，他顯得十分興奮。

「又一次好極了，」鄉紳呼喊道，「第一，首先，我希望你不會否認，無論什麼事物，它們是怎樣就是怎樣。如果你不同意我這一點，我就無法繼續進行下去。」「為什麼，」摩西回答道，「我想我會同意並且好好地利用這一點。」「我也希望，」另一方回答道，「你應該也會同意，部分少於總體。」

「這點我也同意，」摩西呼喊道，「這點既正確、又合理。」「我希望，」鄉紳呼喊道，「你不會否認，三角形的三個角的總和等於兩個直角的總和。」另一方回答道，「這點再明白不過，」同時以其一貫的趾高氣揚環顧四周。鄉紳呼喊道，「非常好，」接著迅速地表示，「由於前提已經確定，現在我要來觀察自存的串連，它是以相互平方比的方式進行，自然地產生了一種有問題的對話論，這在某種程度上證明了，精神的本質與第二可斷定的陳述有關。」

「等一下，等一下，」另一方呼喊道，「這點我否認。你認為我會就這麼溫馴地接受如此的異端學說？」「什麼，」鄉紳狀似激動地回覆，「不接受！那麼請回答我一個簡單的問題：當亞里斯多德說，親屬是有關係的，你認為他說的對嗎？」

「毋庸置疑，」另一方回答道。「如果是這樣，」鄉紳呼喊道，「請你直接回答我的問題：你認為在我的省略推理法的第一個部分所做的分析研究是有缺陷的嗎？請你也給我你的理由。我說，給我你的理由，立刻！」「我反對，」摩西呼喊道，「我並不是很清楚你究竟想證明些什麼。如果你能將它們化為一個簡單的論點，我想這樣或許就能找到答案。」「喔，先生，」鄉紳呼喊道，「我是你最卑微的奴僕。我發現，你不僅要我給你論證，還要我給你智能。不，先生，我要抗議，你對我實在太過苛求！」此舉引發眾人對摩西的一陣訕笑；在哄堂大笑中，他是唯一愁眉苦臉的人。於是，在接下來的閒聊中，他便一語不發。（節錄自《維克菲德的牧師》第七章）（參閱第一五四頁起）

第三十七計：反駁證明 Behauptung mit dem Beweis widerlegen

（應為最先的技巧之一）。如果對手的主張實際上是對的，可是好在他卻為自己挑了一個很爛的證明，這時我們便可輕易地將這項證明駁倒，進而宣稱我們因此駁倒了對手所主張的事實。基本上，這項技巧可以還原成，我們將某項「對人的論證」冒充為「對事的論證」。如果對手或旁觀者想不出更妥適的證明，我們就贏了。舉例來說，如果某人提出本體論證明（ontological argument）做為上帝存在的證據，這項證明很容易就會被駁倒。此外，拙劣的律師想不出適合的法條，反倒想藉助不適合的法條來辯護，他們便是這樣輸掉十拿九穩的官司。（參閱第一五六頁起）

最後一計：人身攻擊 Ad personam

當我們察覺到對手居於優勢，我們則將落入錯誤的一方，這時不妨改以針對個人、侮辱、粗魯的方式進攻。「轉而針對人身」的方法就在於，跳脫爭執的主題（因為我們在這方面已然落敗），轉而以某種方式去攻擊對手及其人格。為了與「對人的論證」做出區隔，我們姑且將此舉稱為「對人身的論證」。「對人的論證」涉及到的是，跳脫純粹客觀的爭議主題，將戰場固定在對手所陳述或承認的事情上。然而，在「轉而針對人身」方面，則是完全跳脫爭議主題，轉而向對手的人格展開攻擊；換言之，在這種情況裡，攻擊者會以病態、傷害、侮辱、粗魯的方式向對手進攻。這是精神力量對肉體力量及獸性的召喚。由於人人都有能力實行這一計，因此這一計不僅廣受歡迎，而且經常獲得利用。不過，我們不禁要問，這時另一方適合採取什麼反制技巧？因為，如果另一方採取同樣的方式，最後雙方不免會演變成對罵、拳腳相向甚或決鬥。

如果我們認為，只要自己不要轉而針對人身那就夠了，那麼我們將大錯特錯。因為，冷靜地向對方指出他其實是錯的，從而也做了錯誤的思考與判斷，正如每回當辯論分出勝負時那樣，這會比用粗魯、侮辱的言語攻擊對方更讓對方痛苦。為何？因為，誠如霍布斯在《公民論》（*De cive*）的第一章裡所言：「一切的開心和喜悅，全都是基於有人可以讓我們在相較之下自覺高人一等。」沒有什麼比滿足一個人的虛榮心更能讓一個人快樂，沒有什麼比一個人的虛榮心遭到打擊更能讓一個人受傷（正因如此，才會出現諸如「榮譽比性命重要」之類的諺語）。虛榮心的滿足主要是基於自己與他人的比較；這當中涉及到了所有的事情上，不過主要還是在精神力這件事情上。在爭論當中，發生這樣的事同樣也會十分強效。因此，雖然並沒有被無理（禮）地對待，落敗的人還是會憤恨。於是，他們便祭出了最後的手段，也就是這最後一計。這並不是一項僅憑自己客客氣氣就能對付得了的手段。不過，高度的冷血倒也能在這種情況下發揮助益；換言之，一旦對手轉而針對人身，我們可以冷靜地回答，對方的陳述與所要爭論的事實無關，接著立刻將焦點轉回爭議問題上，繼續證明對方是錯的，全然不去理會對方的侮辱。就如同特米斯托克力斯（Themistocles）對歐里比亞德斯

（Eurybiades）所說的：「你可以殺我，但請聽我一言。」只不過，這樣的風度不是人人都有。

因此，唯一可靠的反制技巧就是（亞里斯多德早在其《論題篇》的最後一章裡提到）：不要與那些最優秀、最頂尖的人爭論，只與那些我們熟識的人爭論；我們曉得，這些人具有足夠的理智，不會去說些荒謬的事，也不會因此而蒙羞，他們所爭的是道理而非權力，他們會聽取並思考他人所陳述的理由，最後，他們重視真實，樂於聆聽好的道理，即使是出於對手之口，此外，如果正確不是站在他們那一邊，他們也有足夠的意願去承受自己是錯誤的事實。由此可見，在茫茫人海中，我們很難找到一個值得我們與他爭論的人。至於其他人，他們想說什麼，就讓他們去說吧。因為愚蠢是一項人權！別忘了伏爾泰所說的：「和平比真理更有價值。」此外，阿拉伯也有句諺語：「沉默的樹上結出和平的果實。」（參閱第一五七頁起）

不過，爭論可謂是腦袋的摩擦，它其實往往可以讓人們互蒙其利。不僅可以幫助人們證明自己的思想，更有益於創造出新的觀點。只不過，爭論的雙方必須在學識與智慧上旗鼓相當。如果其中一方缺乏前者，那麼他將無法完全理解，無法與對方並駕齊驅。如果這個人缺乏後者，那麼由此所引發的憤恨，將帶領他去使用卑劣、不正當的手段。

（一八三〇）

附錄

殘篇

這段殘篇原本打算要做為導論之用。

1

邏輯與辯證法[14]自古以來就被當成同義詞使用，雖然「λογιζεσθαι」（思索、考慮、計算）與「διαλεγεσθαι」（會談）其實是兩件迥然不同的事。「辯證法」（διαλεκτικη; διαλεκτικη πραγματεια〔辯證的證明〕，διαλεκτικος ανηρ〔辯證者〕）一詞（誠如第歐根尼·拉爾修〔Diogenes Laertius〕所述）是由柏拉圖最早使用。在他所撰寫的《斐德羅篇》（*Phädrus*）、《辯士篇》（*Sophista*）、《理想國》（*Republika*）第七卷等著作當中，他所指的是理性的正規使用及使用的技巧。亞里斯多德也以同樣的意思來使用辯證法一詞；然而，（根據羅倫左・瓦拉〔Lorenzo Valla〕的說法）他應該是最早以同樣的意思來使用「邏輯」一詞的人。我們可以在亞里斯多德的著作裡找到諸如「λογικας δυσχερεια」（邏輯困難，亦即鑽牛角尖）、「προτασιν λογικην」（邏輯前提）、「αποριαν λογικην」（邏輯疑難）等用語。如此看來，辯證法顯然比邏輯更早出現。西塞羅與昆提里安（Marcus Fabius Quintilianus）以同樣的一般意涵使用辯證法與邏輯二詞。在《與盧庫勒斯的學院拾遺》（*Academicorum reliquiae cum Lucullo*）裡，西塞羅提到：「辯證法彷彿被發明用來擔任決斷對與錯的女神。」在他的《論題》的第二章則提到：「斯多葛派的學者們，藉助他們稱之為辯證法的學問，謹慎地遵循這些判斷的方法。」昆提里安則說：「因此，它成了辯證法的一部分，或者如同我們更想說的那樣，成為爭論的藝術。」對他而言，後者在拉丁文裡就等於辯證法一詞。（到此為止，係根據拉米斯〔Petrus Ramus〕的《辯證法》〔*Dialectica, Audomari Talaei praelectionibus illustrata*〕，一五六九年）將

---

14 這是辯證法真正的起源。

邏輯與辯證法當成同義詞使用的情形，同樣也出現在中古世紀與近代，直到今日，依然有人這麼使用。只不過，到了近代，人們，尤其是康德，在使用辯證法一詞時，往往賦予它比「詭辯的爭論藝術」更糟的意涵，相對的，邏輯一詞則顯得純潔，因而備受青睞。然而這兩者其實本來代表著同樣的意涵。因此，近年來，人們再次把它們看成同義詞。

2

「辯證法」與「邏輯」從古至今都被當成同義詞使用，這件事著實令人扼腕。因為，如此一來，我便無法完全無拘無束地將它們的意涵區分開來，一如我原本的打算，將「邏輯」（從 λογιζεσθαι，亦即思考、估算這方面；從λογος，亦即兩者不可分割的詞語及理性這方面）定義成「與思考法則（亦即理性的運作方式）有關的學問」，將「辯證法」（從 διαλεγεσθαι，亦即會談這方面；然而每個會談要不是陳述事實，要不就是陳述意見，換言之，要不是歷史性的，要不就是審議性的）定義成「爭論的藝術」（這個詞彙所採取的現代意義）。如此一來，邏輯很顯然擁有一個能夠以純粹先驗（*a priori*）、不混雜經驗的方式確定的對象，亦即思考的法則、理性（或**邏各斯**）的運作；理性的運作會完全順從且不受干擾地（也就是說，當某個理性的人在未被任何事物誤導的情況下獨立思考時）遵循思考的法則。相反的，辯證法涉及到的，則是兩個一起進行思考的理性的人彼此的交流。然而，一旦他們不再像兩個同步的鐘那樣協調，便會引發爭論，換言之，引發思想上的鬥爭。當兩者皆處於純粹理性狀態時，雙方的意見必然完全一致。他們的相互乖離源自於個體本質上的差異，故而是經驗方面的因素。是以，邏輯，思考的學問，換言之，純粹理性的運作，可以用純粹先驗的方式建構。然而，辯證法的大部分卻只能以後驗（*a posteriori*）的方式建構；這當中必須藉助與干擾（也就是，在兩個理性的人共同思考之際，因個體的差異而對純粹的思想所造成的干擾）有關的經驗知識，以及與工具（也就是，個人為了讓自己的思想被視為純正、客觀的思想，因而交互使用在對手身上的工具）有關的經驗知識。因為，這是人類的天性使然。

在共同思考、辯論，換言之，意見交換之際（歷史性的對話除外），當A發現到，B對同一件事的想法與自己有差異，他不會先去審視自己的想法是否有誤，而會先假定他人的想法有誤。也就是說，人類天生就是自以為是。我想要稱其為「辯證法」的學科，便是在教授由這項特質所衍生出的事物。然而，為避免誤解，我想還是將它稱為「論爭辯證法」。因此，它可說是與人類天生的自以為是的運作方式有關的學說。

叔本華辯論三十八計詳解

冀劍制

談到辯論，多數人會聯想到學生時代的辯論比賽。但實際上，辯論無所不在。

以學者在論文討論會場上的學術辯論來說，最著名的大概是愛因斯坦與量子力學先驅們的三次辯論，目標在於追求真理，企圖透過辯論，了解宇宙真相。而在商場上，推銷員透過跟客戶的辯論，賣出產品。政治人物們則透過辯論，找出最佳政策、提高個人聲望、擺脫政治責任、或是贏得選戰。甚至只是在家裡，夫妻辯論家庭開銷，先買汽車還是先繳貸款？而子女則爭取參加冒險活動而與父母展開辯論。諸如此類，辯論術的應用範圍非常廣泛，擁有好的辯才，就擁有處事的優勢，以及更高的成功機會。

依據叔本華對辯論藝術的分析，我們可以從三個重點來觀察人們的辯論。

第一、正確的邏輯推理。

第二、可以講贏對手的推理。

第三、想贏得勝利的心理。

在叔本華的這本小書裡，描寫了這三者之間的一些組合關係與技巧，字數雖然不多，但卻十分生動。

大多數的邏輯思考書著重在第一點，分析哪些推理屬於正確或是錯誤的邏輯推理。但這本書卻是著重在第二點，不管推理是否正確，講贏的技巧究竟有哪些？這個領域，屬於說服力與詭辯術的範圍。學成之後，若能善用，將會帶給自己莫大的優勢。許多人認為詭辯術是騙人的把戲，不值得學習。但事實上，學習詭辯術，可以用來識破別人設下的騙局，預防被別人的詭辯伎倆所欺騙，而且還具有幫助自己化解危難的功用。

在辯論中，最理想的狀態，是盡可能排除掉（或至少也要忽視）「想贏」的心態，雙方遵照最理性的邏輯，互相攻防，以追求真理為目標。如果雙方邏輯思維能力都很強，那麼，通常可以達成共識，找到一個最理想（合理性最高）的結論。

然而，由於諸多心理因素的干擾，這種理想狀態大多難以達成。有時是為了爭取利益，有時是好面子，而有時只是想贏而已（因為贏了會很開心）。在這些因素干擾下，人們在辯論時便不會完全遵守「正確的邏輯」，而是在有意與無意中，操弄著「可以講贏對手的辯論術」。這裡面包含了正確的推理，以及似是而非的推理。如果雙方都很擅長這種辯論術，那麼，我們將會看到一場非常精采的辯論競賽。

如果只有一方擅長這種辯論術，就容易發生一面倒的情況，滔滔不絕與啞口無言的對比。但慘敗的一方通常會「口服心不服」。因為，許多人雖然無法駁斥詭辯伎倆，但仍然會感到某些地方「怪怪的」，因此，心裡頭仍然不會放棄原本的想法。

另外，如果辯論的雙方都不懂正確的邏輯，也不懂得能講贏別人的辯論術，情況大概就會變成不斷堅持與強調自己的主張，像是鬼打牆一樣不斷重複意思相同的句子，完全沒有任何邏輯上的攻防，只有想贏情緒的叫囂、甚至謾罵，最後，不是不歡而散，就是大打出手。

想要跟人辯論，學學辯論術總是有用的。最好的情況自然是要能區別正確的邏輯與詭辯的邏輯。但需要時，兩者皆可好好運用。

在書本的最後，叔本華特別強調，當我們發現別人跟自己在同一件事情上有不同的想法時，通常不會先審視自己是否有錯，而是先假定他人有錯。這樣的思考習慣，大概是因為我們通常不知道對方為何有此想法，其依據的前提為何？所以，我們會用自己的前提，推理他人的結論，就會發現邏輯根本不通，於是判斷又是腦殘一枚。

事實上，當人們看一件相同的事情，常常會有不同的預設，形成一組不同的前提，當對方用他的前提來推理我們的結論時，也會有相同的感覺。所以，雙方把自己的理由說清楚，才有利於分享不同的想法。

所以，大家想辦法養成兩個習慣，整個社會將會有很大的改變。第一，養成說理由的習慣。對於具有爭議性的問題，無論是在談話間或是網路留言，不要只說結論，至少簡單說一些理由。這樣才能讓人看到你的合理性。第二，養成問理由的習慣。看到別人有不同的結論時，不要輕易否定，問問理由，就算要否定，等到對方說不出理由，或是只有爛理由時再來否定。如果台灣社會人人朝此方向前進，一個理性和諧的社會就將逐漸成形。

以下針對叔本華列出的辯論三十八計來說明：

1. 擴張

這個辯論法類似現代常說的「以偏概全」，但它指涉的更為廣泛，包含任何將對手所談論的東西往外擴張（故意包含更多）來尋找反駁的例子。

除了書裡的例子之外，我們還可以看到一些生活中的案例。例如，假設K市長取締違建成效良好，於是支持這位市長的A說：「K市長在取締違建方面真是了不起。」這時，一向反對K市長的B企圖反駁A，於是就將A所談論的範圍擴張到其他的部分，於是B可以反諷說：「K市長內部官員收受公關禮品真是了不起。」

在這個辯論中，實際上B並沒有反駁到A所說的話，但或許反駁到A有可能的暗示：「K市長很了不起。」由於任何人的任何工作都不可能是完美的，所以這樣的辯論術一定有效。也因為如此，平時這樣講話會讓人很討厭，即使贏得辯論，也會失去人際關係。但如果是在特殊狀態下，像是競選時的輔選人員，那就可能會發揮一些功效。當然，這種伎倆對邏輯清楚的選民用處不大。

2.利用多義詞

這就是一般我們所說的「歧義」。用歧義推理稱為「歧義的謬誤」。而故意利用此謬誤來推理則可以稱為「利用多義詞的詭辯術」，或直接稱為「歧義的詭辯」。

雖然叔本華認為這種伎倆不容易讓人上當，大概只能逞一時口舌之快。但是，有時這種詭辯術還挺有用的。例如，當年美國總統柯林頓先生被國會議員要求說明當時的性醜聞案時，他宣稱和女助理並沒有「性關係」。性關係的精確意義是「男女交媾的性愛關係」，但一般通俗意義則比較廣泛。當時國會議員以通俗意義理解，所以讓柯林頓順利過關。但後來知道他的確有其他類別的性醜聞時，便譴責他說謊，如果「說謊」成立，就必須下台。這時他卻應用其精確意義表達他並沒有說謊，而達到不用下台的結果。這大概是應用歧義詭辯術最大的受惠案例。

其他較著名的例子則是公孫龍的白馬非馬論：「馬指的是馬的型態，而白馬指的是馬的顏色，由於型態不是顏色，所以白馬非馬。」試著找找看歧義在哪裡？

3. 絕對化

這個辯論術屬於「批評稻草人」的一種，先故意曲解別人的意思再加以駁斥。尤其可以藉由更加強化（絕對化）其主張來曲解。

常見的例子是，當有人說他喜歡哲學家海德格時，正常解讀應該是他喜歡海德格的某些哲學理論。但可以更加強化，而故意曲解成「他喜歡海德格的所有觀點」。而海德格某種程度上支持納粹。所以可以反駁說，「你竟然喜歡那種支持納粹的論調。」

當有人說他喜歡尼采時，也常常被批評成「喜歡瘋子的言論」（因為尼采晚年發瘋）。這是類似的手法。另外，在日常生活中，當人說他喜歡夏天時，就可能被駁斥「那你怎麼不搬去沙漠。」（或是，「你乾脆搬去太陽住好了。」）

4.迂迴

這一個不是詭辯術，而是一種說服術。想辦法避開對方對結論的反對心理的說話術。

舉一個例子來說，一個員工想要請長假出國旅行，可是主管常常都不願意核准。只要一開口請長假，主管就開始反對，即使員工開始講各種請長假的優點，但這種時候，主管已經處在戰鬥預備狀態，心理上已經產生強烈的抗拒感，要成功製造說服力非常困難。這時需要迂迴前進，先讓主管在沒有防備的情況下灌輸請長假的好處，然後再提出請長假的要求。這樣的做法成功率會比較高。

例如，可以從最近常常太累沒精神、做事沒效率、甚至容易出錯的情況當開頭。問問看主管有沒有要介紹什麼健康食品，如果有介紹的話，就說都吃過了沒有用，在逐步導出放個長假好好休息可能才是良策的結論。這時再提出請長假的要求。

另外，當小孩想參加登山活動時，一提出來父母可能會反對。但可以先從其他相關問題的討論開頭，例如，人生是不是應該要多一些歷練，而歷練是不是應該要注意安全，當安全性足夠時，是不是也應該要多去嘗試不同的活動。在這種情況下提出要參加一個很具有安全性的登山活動時，獲勝的機會就比較高了。

有個故事很類似這種說話術。有一天，兩個學習禪修的弟子打坐到一半都想要抽菸。A跑去問師父，「參禪時可以抽菸嗎？」結果被師父罵了一頓。但B去問師父後，回來就開始抽菸了。A很好奇問B，「你是怎麼跟師父說的，為什麼有這麼大的差別。」B說：「我問師父抽菸時可不可以參禪。」

5. 利用假前提

這個技巧的要點在於不需要拘泥於對方某些錯誤的知識。因為要溝通那些根深蒂固的知識非常困難，有時可以順水推舟，從錯誤照樣推出期待的結論。

從錯誤的前提有可能可以推出正確的結論。但反過來說，從正確的前提是不可能依據正確的邏輯推理（邏輯術語稱之為「有效推理」），推出錯誤的結論。

舉例來說，許多想要念哲學系的學生常常受到父母的反對，因為許多父母認為選科系一定要選那種有前途、能夠賺大錢的科系。然而，要溝通這個觀念很困難，而且，事實上，不管這樣的觀念是否正確，從這個前提出發，照樣可以推出念哲學系的結論。只不過念法要有點不同，不能單純只念哲學其他都不學，而是要利用在學期間學會一樣專業能力，修雙學位、輔系、學程或甚至到校外自學皆可。只要具備有一項專業技能，而且也不用有多強，在伴隨著哲學強大思考能力的輔助下，容易造成在該領域獨領風騷的結果，而這正是有前途、賺大錢的保證。

所以遇到類似問題時，不需要卡在一個真假難辨的知識爭執中，跳脫出來，即使暫時接受該知識，也可能達成自己想得到的結論。

6.隱藏的循環論證

循環論證屬於前提與結論之間循環支持的推理。當我們將「謬誤」定義成「似是而非的推理」時，循環論證看起來並不適合這樣的定義，因為實際上它是一個無懈可擊的推理。試問，從「這是一朵紅色的花」推出「這朵花是紅色的」，這樣的推理怎麼可能會是錯的呢？

這個技巧的目的，主要在於難以辨別前提與結論，而且讓人感覺上是做了一個很有意義的推理，而且當前提與結論之間有著密切的邏輯關係時，容易產生很強的說服力。但實際上，從頭到尾這根本就只是一個主張而非推理。

舉例來說，「我們應該尊重別人的自由，因為當別人要做的事情並不影響他人的時候，不要隨意干涉，這才符合現代世界的自由社會。事實上，不隨意干涉他人也是現代人應有的行為。」

上面這段話感覺上是做了一個推理，但實際上不過是前提與結論換個語詞互相在循環支持而已。而且，類似這樣的推理，很難判斷究竟誰是前提與誰是結論。在這個模糊中，莫名的產生了說服力，以及看似說了一段有建設性的話。而事實上，只不過是重複宣揚一個一定不會錯的語句而已（只要句中有著「應該尊重」、「不隨意」等語詞時，這樣的句子都幾乎一定是對的，但其意義卻是模糊不清的，這個部分可以歸類成另一種謬誤型態，我將它稱之為「廢話謬誤」）。

7.讓對手承認的多於必要

這是一個藉由擾亂對手思緒，讓人在理智上較看不到我們的漏洞，以便偷渡一些較缺乏證據的主張的技巧。

以議會質詢為例，假設T議員希望K市長重新考慮一個任命案。於是他說：「這個任命案問題太大，請重新考慮。」

這個時候，K市長一定會詢問T議員為何認為這個任命案問題很大，問題究竟在哪裡。然而，實際上T議員之所以反對，可能只是想找麻煩，或是想推薦別人，亦或是跟該被任命的官員有私仇。所以，在這種情況下，根本無法回答這個問題。所以，不能等K市長詢問，直接用其他沒有必要的問題來混亂K市長的思緒。例如，「你用人的標準是什麼？」「有通盤的考慮嗎？」「他保證可以做好嗎？」「現階段最重要的任務為何？」「你認為自己不會看錯人嗎？」甚至還可以更遠一些，「是否有好好反省最近的政策有哪些弊端？」甚至可以用更混淆的問題，「氣候變遷時是不是比較容易做出錯誤的決策？」

當K市長的思緒被一大堆問題混淆時，大腦疲於奔命，會忘記重點在於詢問T議員對該任命案的反對理由，可能搞到後來變成似乎自己的任命案不夠周詳，需要重新考慮。那麼，T議員就達成原本的目的了。

當然，對於邏輯清楚的人來說，不易被這種混亂戰術搞亂思緒，而會尋找對手問問題的空隙，一邊回答沒必要的問題，一邊返回主戰場，不斷詢問理由為何？「你反對這個任命案一定有很好的理由，讓我先請教一下你的理由吧！」這樣就不會被牽著鼻子走了。

8. 提出挑釁問題

這個技巧和上一個的原理相同，差別在於上一個是藉由混亂對手思維來減弱對手思考能力，而這裡是藉由激怒對手來減弱對手思考力。

例如，T議員說：「你用人根本就亂用，他到底給你多少錢讓你用他。」由於議員有言論免責權，所以這種技巧用在議會比較不會有麻煩。如果K市長被激怒了，就會喪失好的思考力，容易講錯話，形成新問題，甚至讓人誤以為心中有鬼。那目的就達成了。

但基本上，如果K市長可以看破T議員只是在應用此技巧故意激怒他，那麼，K市長自然可以以閒暇心微笑面對，不為所動。

9. 打烏魚戰術

在跟人辯論時，如果目標是在追求真理，或是想要說服別人，就必須把自己的想法以最清楚的邏輯結構呈現出來。讓人可以很簡潔的把握到自己的思路。

然而，當自己的論點實際上很弱的時候，並不期待真的可以說服別人，只求不要被高手一槍斃命，希望可以搞個看似勢均力敵的狀態時，那麼，便可以使用這個技巧。

盡可能用很複雜難解的方式表達，讓人摸不著頭緒，也就不容易被發現要害。許多人為了掩飾自己理由不足的問題，說不出話來、支支吾吾或是故左右而言他來迴避問題，都不是好策略，容易被看破手腳。用流暢但卻難解的邏輯，彷彿要表達一個很明確的事情，但卻讓人難以掌握其想法，這技巧功效雖大，但其實並不是件容易的事情。

此技巧可能的使用時機是，當國會議員想要通過一個對私人企業有利，但卻對全民有害的法案時，就可以使用這個花招。就算被明眼人指出問題核心，一般大眾也不會覺得該國會議員的言論有被射穿紅心的感覺。因為實在搞不清楚問題究竟在哪裡。通常在這種情況下，一般民眾就懶得再動大腦而忽視它了。當民意沒有看穿其謀略，就不會引起眾怒，法案也就比較能順利通過。達成此目的所付出的代價，頂多只是被人認為「表達能力不足」而已。但大多數人不會想到，這是故意裝出來的假象。

10. 惡意操縱

遇見「為否定而否定的對手」時，可以應用此策略。例如，如果遇到一個專門找碴的大主管，可能他心目中有其他人選要來接替你的位置，所以事事都跟你唱反調，希望害你事事不成，那就有理由把你換掉。

這個時候，如果你認為處理某個專案的好方法是A提案，而競爭提案是B。而且你有很好的理由認為A較好。那麼，你可以先用比較差的理由討論A提案，比較過後，選擇B提案。然後，大主管就出來反對了，最後沒辦法只好妥協放棄B，改用A提案。妥協之後，再把更好的理由提出來，並主張原來A提案更好。那麼，就可以達成合理推動A提案的原本計畫。然而，如果大主管反應不如預期，那就再提出開會要求，把A提案的好理由提出來，再重新決策即可。

11. 歸納對手承認的事實

舉例來說，一個動物保護協會會員希望大家共同來譴責打獵活動。於是聲稱：「打獵是一種無比殘忍的行為，實在不是文明人該做的事情。」

如果這是在辯論狀態下，或是在議會的質詢中，希望某相關法案通過。說完這個普遍陳述（牽涉到全部的陳述）之後，不要去問對手是否同意這個觀點。直接講對方比較會同意的例子。如下：

「就像在辛巴威打死獅王的美國牙醫師，不僅做了一件殘殺動物的事情，也讓獅王的弱小子孫失去保護，而被其他公獅撲殺。」

講完一個普遍大家可以接受的例子之後，再詢問對手：「你同意這種打獵行為殘忍而且不文明嗎？」

只要例子找得好，而且不要太明顯極端，通常對手至少會同意這個個例。這時，也不要去問對手是否同意「所有打獵是一種無比殘忍的行為，實在不是文明人該做的事情」，而是直接將之當作共識，然後下結論：「所以，打獵這種行為實在不該存在於文明社會，法律應明訂禁止打獵活動。」

當對方一時之間想不到反例時，這種辯論術會突然造成兩者有共識的假象，達成一致結論。但如果個例使用得過於極端，馬上會讓人想到反例，而失去效果。

當然，邏輯清楚的人不會被這種手法欺騙，在回答時可說：「我只同意這個例子。」或是，「不必然全部如此。」即使還沒想到反例也可以這樣說，只要直覺上覺得該普遍陳述沒有這麼強的說服力時，可以先這麼說，如果被問起再慢慢想，或者也可以說，「我一時之間還沒想到，但我相信一定有其他不一樣的情況。」

12. 委婉語和粗直語

這個技巧是利用好的稱呼與不好的稱呼來讓人產生好與不好的印象。例如，支持同性婚姻的人，就把反對者稱之為「恐同」。這個名詞會讓人產生一種「看到同性戀就怕得要死的非理性心態」，於是把他們反對同性戀的言論與行為全當作不理性的。這麼一來，多數沒有什麼個人想法，而且也不深思問題的人，自然就會被這種手法牽著走，形成一股輿論力量，支持同性戀婚姻。

所以，反對者必須想辦法化解這個名詞所帶來的不當聯想。必須集中自己最強的反對理由，並藉此創造一個對自己有利的名詞，才能轉換大眾觀感。

13. 兩害相權取其輕

這是屬於利用二分法來讓人選擇一個自己比較可以接受的主張的技巧。如果恰當使用二分法或不當二分（或稱為非黑即白的謬誤），則能引導別人站在自己偏愛的立場。

例如，假設A反對某個曾經製造黑心食品的公司，並且希望大家都不要購買該公司產品。假設B很喜歡該公司的某項（非黑心）優良產品。但A希望連該優良產品也要抵制，於是跟B說：「你要支持黑心產商繼續使用該產品，還是要抵制黑心不要再購買了呢？」

有時候無法完全得到自己期待的結果，那就只能兩害相權取其輕。例如，假設K市長被認為能力強、品格高。政敵想要把他說成能力弱、品格低。但實在過於困難，而且由於其表現出強大的能力，乾脆只打品格一項。於是可以藉機詢問K市長的支持者：「你認為K市長比較屬於能力強的、還是品格優的？」如果能力真的是他的特色的話，支持者應該會回答：「能力強的。」那麼，政敵就可以藉機推理，「果然K市長品格不足，連他的支持者都這麼認為。」

其實這句話可以算是正確的推理，但原意應該是，「跟他的能力比較起來，K市長品格較為不足。」所以這句話說出來會讓人感到有某種程度的說服力，屬於原意的省略說法。但從字面意義來說，省略說法容易被解讀成「K市長品格低」。那麼，政敵就成功達到醜化的目的了。

這時支持者如果邏輯能力夠強，馬上可以識破其中的機關，於是把原意說出來，便可化解。或者，更厲害的說法是直接再次強調其能力：「那是因為他能力太強的緣故！」達到更強的反擊效果。

14. 自我宣稱

這個技巧簡單的說就是空口說白話。但是，只要在適當的時機，而且說的好一點，一樣會被當真。

舉例來說，政府官員跟占領了公共區域的抗議民眾約好協商，協商完後明明完全沒有共識，但政府官員可以說：「我們很高興地發現這個協商有了重大的進展，雙方都為了社會更加進步而努力，也找到了雙方都同意的主張，就是認為社會秩序非常重要，應該盡快恢復正常運轉。」

這個說法讓人很難反駁。但偷渡了幾個對抗議者不利的觀點。所以，為了防止這種情況發生，抗議者大多要求協商需要公開。

即使不是密室協商，只要運用前面提過的烏魚戰術，先把討論搞得一片混亂，最後宣稱：「很高興對方也接受了某某某的觀點。」針對不想動大腦的群眾來說，他們會直接把這個聽得懂的結論當作雙方的共識。於是就達成了混淆視聽的目的。當一個國家的國民大都屬於此類時，整個輿論就會被善用此技巧的一方要得團團轉而不自知。

15. 假動作

這是一個在辯論中化解危難的技巧。

在雙方你來我往的論戰中，可以產生最大優勢的辯論法，就是從對方的言論中找出矛盾，並把它指出來。這時就會導致對方論述徹底崩盤的窘境。

然而，人有失足，馬有失蹄，萬一自己是被指出矛盾的一方，這怎麼辦呢？這時可以運用這個技巧，先搖搖頭裝作這一切都是誤會（除非真的是誤會，否則不要辯解，不然很容易會被群眾看出是在耍賴，不僅輸了辯論，還輸了風範），然後說出一句看似從自己言論中可以抽出的話（但實際上不是，只是跟自己的主張有些關聯），這一句話最好是正確的，或至少合理到可以站穩腳步的。如果對手太過得意忘形，一時失算，想要趁勝追擊而企圖否定這個句子，那麼，戰場就會被轉移到新的句子上面，好像剛剛的矛盾只是誤解，這裡才是真正的爭議點。那麼，很快就會有逆轉勝的情況出現了。

例如，假設某位政府官員談論學校教材的選擇時被問出矛盾了。這時可以裝傻，就說，「唉呀！總之，不管怎樣還是要看老師怎麼教，我們尊重老師的教學專業。」（好像這才是真正的爭議點，剛剛的矛盾都不算。）問出矛盾的人如果在此不夠謹慎，想趁勝追擊，於是主張政府官員根本不尊重老師的專業。這時政府官員可以反駁說：「我們一定尊重，絕不會到課堂上去調查老師的上課內容。」如此一來，整個辯論就被逆轉到對政府官員有利的一邊。對於邏輯敏感度較差的聽眾來說，剛剛的矛盾好像根本就不曾存在過一般。

「產生矛盾」是辯論場上最大的優勢。一旦從對手話裡導出矛盾，千萬別輕易放手，不管對手如何故左右而言他，堅持這個話題，要求對手在矛盾中至少自我否定一項主張，只要做到這點，勝負就幾乎底定了。這種情況根本不需趁勝追擊，畫蛇添足。

16. 挑釁

在辯論過程中，最能讓對手潰敗的，就是從他的言論中導出矛盾。然而，矛盾可以分為真矛盾和假矛盾。假矛盾只是看起來好像有矛盾的樣子，實際上卻不是。這種使用假矛盾來攻擊對手的方法，有可能讓對手驚慌，不知所措。並且讓邏輯力較差的群眾拍手叫好。但對事情的討論卻完全沒有幫助。

例如，某政府官員鼓吹民眾盡量多搭乘大眾交通工具，以避免道路壅塞。在議會受質詢時，或是被新聞記者訪問時，都有可能被質疑：「你為何要開車而不搭乘大眾交通工具？」

感覺上，這位政府官員做的和說的好像互相矛盾，事實上卻沒有。因為他並沒有說，「每一個人都不可以自己開車，而必須搭大眾交通工具。」如果他這樣說，才真正是說的和做的矛盾。他說的只是盡量而已，也就是說，如果有理由需要開車，就不在他的鼓吹範圍內。而他自己可能就屬於此類。

在日常生活中，使用假矛盾攻擊他人者，有的是邏輯觀念不清，搞不清楚假矛盾與真矛盾的差異。也有故意藉此批評他人者，由於這種攻擊方式很難自清，確實可以逞一時口舌之快，但對事情的討論是完全沒有幫助的。

17. 吹毛求疵

這個技巧還滿常被人使用的，無論是否學過邏輯，好像自然都會這麼做，差別只在於好壞而已。

假設你主張，「我們應該要尊重生命，讓所有生物在自然界中自行發展。」這句話聽起來不錯，但很容易被反證：「是否包括曾讓數百萬人死亡的天花病毒呢？」

這時，我們可以藉由修改一些定義來躲開反證：「喔！我說的生物並不包含病毒和細菌這類東西。」

但仍有可能再被反證：「如果真的出現像是電影中的哥吉拉，也應該讓牠們自然發展嗎？如果是的話，人類應該很快就滅亡了。」

遇到這種狀況自然可以再修正：「當然也不包括虛構的生物。」

18. 中斷討論

在辯論場上，無論是在議會質詢，或是在新聞採訪中，遇到完全無法回答的問題時，也只能找藉口喊暫停，或是顧左右而言他了。但這當然是沒有辦法之後才能用的無可奈何之計。因為這太容易被看破手腳了。

最常用這招，而且效果還不錯的，大概是老師們吧！當學生問了老師應該知道，但卻不知道的問題時，可以找到不錯的理由來喊暫停，以避免困窘：「這個問題很不錯，值得思考，留給大家想想看，我們下次上課再來討論這個問題。」

有時政治人物也會用類似的招數。當某些政策失當引起民怨時，解釋越多通常會被罵的越慘，於是根本不去討論它，就像什麼事也沒發生過一樣。讓批評者根本無力可施，只要沒有新鮮題材可供討論，一段時間過後群眾就淡忘了，這可以說是把傷害降到最低的技巧。網民通常稱此技巧為「神隱術」。

19. 將對手的論點一般化

將對手的主張普遍化後，容易找到可攻擊的點。例如，某位作家的作品被評論家批評「缺乏深度」。而事實上，他的作品可能真的缺乏深度，難以反駁。這時他可以想辦法擴大評論家的批評：「他眼中根本容不下好的東西，什麼東西都不好。」而後說明自己作品的優點，而主張此評論家看不見好的東西。這麼一來，原本問題在作家，但轉換成問題在評論家了。

又例如，某位反對K政黨的人說，「某位K黨縣長貪污。」這時支持K黨的人可以反駁說：「又不是每位K黨縣長都貪污。」

20. 隱匿證據

以實例來說，想要人反對死刑，可以先問對方，「你認為殺人是不好的事情嗎？」針對這種問題，大多數人都會說，「對！」接著，就可以直接得出結論，「所以你也和我一樣是反對死刑的。」

21. 以其人之道還治其人之身

這是一種更為漂亮的指出對手錯誤推理的方法。例如，在議會質詢時，T議員問K市長：「我聽說你私下收了不少紅包，難道你不知道這是違法的嗎？」

這種時候，K市長可能會回答：「把聽說的事情當真是不當推理。」或是回答：「我沒有。」這樣的反駁都不夠漂亮，而且都會讓人懷疑K市長是不是真的有收紅包。

如果應用這個技巧，K市長可以說：「我也聽說你計畫把台北火車站搬到一〇一大樓頂層讓它變得更高，難道你不知道我們的高鐵不會飛嗎？」這種反駁不僅可以更明確地彰顯出對手的輕率推理（把聽說的話當真話），還能幾乎完全清除收紅包的污名化效果（有趣的例子可以轉移聽眾的注意力，而使用更荒謬的例子讓人有一種「收紅包的聽說也一樣荒謬」的錯覺），甚至還可以表現一點幽默感。如果想要順便跟對手化敵為友，還可使用讓人感到開心的例子：「我也聽說第一美人林志玲決定要嫁給你了，恭喜恭喜！」

22. 循環論證

舉例來說，在辯論死刑存廢問題時，有可能會被對手問到，「你認同生命是基本人權的主張嗎？」這個問題很麻煩，因為這幾乎已經是普世價值，很難回答說：「不認同。」但認同之後，隨之而來的問題就是，「即使是罪犯也不能剝奪其生命。」再下去，就很難回頭主張死刑了。

這時可以考慮把它變成一個循環論證來否定它：「許多人主張生命是基本人權，但基本人權是怎麼訂的呢？還不是要保護人的生命嗎？這根本就是個循環論證，所以這是沒有支持效力的。」

許多問題很難反駁，因為它根本就是一個循環論證。但有些問題實際上不是循環論證，但可以把它說成像是循環論證，並藉以否定它。即使是邏輯能力很強的人，要把一個非循環論證從像是循環論證的推理中解救出來，也不是件容易的事情。

23. 刺激對手誇大不實

此篇類似第一計的「擴張」和第三計的「絕對化」技巧，當對手的主張難以反駁而卻又必須反駁時，就故意放大其主張的範圍而加以駁斥。

但此篇重點在於談論防衛技巧。當對手用這樣的方法對待我們時，我們應小心不要讓自己的談論範圍被拉出去，因為有時直覺上無傷大雅，但若沒有在第一時間駁斥拉回，後果將可能會很嚴重。

例如，「假設我們主張應該好好照顧流浪貓、狗，不應去捕捉牠們。」從當今社會的輿論角度來看，這很難反駁。但對手可以假裝點點頭，好像同意的樣子，然後補充說，「嗯！對於流浪在外的動物們好像都應該要尊重牠們，不要捕抓，更不該撲殺。」這時，我們談論的範圍被擴大了（從貓狗擴大到所有流浪在外的動物），如果對手接受這個主張，自然會接受我們的主張，所以第一時間可能沒有發現危機，甚至樂於接受，而沒有立即把討論範圍拉回。這時對手可以假做思考，甚至說說這樣做的優點，「尊重生命是很重要的。」「人類以外的動物也都應該享有生存的權力。」這麼做會讓大家以為彼此已有共識，已經把貓狗的範圍提升到所有的動物，讓你越陷越深。只要「所有動物」被駁斥，群眾也會認為你的原始論點（貓狗）也被駁斥。到了這個時候，話鋒一轉：「萬一老鼠越養越多，鼠疫流行起來怎麼辦？」這時要再回頭可能就為時已晚了。

24. 利用結果反駁

舉例來說，某個市府管轄機構想要用AV女優的美麗照片當做商品封面，以刺激買氣。整個推理過程可能單純是商業考量，難以駁斥。但這時反駁者不要依循其推理，直接扭曲其結論來反駁：「你們這是在鼓吹大家都去當AV女優，市政府怎麼可以這樣做？」或者，「你們為什麼利用政府資源幫A片公司做宣傳？」

由於後面的譴責都看似不當的，而且把這兩者當作是市府得出結論的隱藏因素時，就能達到醜化的目的。

25. 利用反例反駁

「反例」可以一針見血的指出一個論述的錯誤。例如，常聽人說，「所有政治人物都會貪污。」要反駁這種主張的方法可以是：「你又沒證據。」或是，「不能一竿子打翻整條船。」這樣的反駁力道都不強，最好的方式是直接找到一個不貪污的政治人物當作反例，只要一說出來，對方就一槍斃命了。

然而，找到的反例自然有強弱之別，雖然一個政治人物名聲很好，但誰又知道他真的沒有貪污呢？如果反例本身仍有爭議處，效果就會降低。例如，與其說「陳定南這個政治人物是不貪污的。」倒不如說，「難道包青天也會貪污嗎？」對手又沒限定是現代人。

反過來說，當對手運用反例來反駁我們的某個主張時，不要輕易被嚇到，因為反例也有那種看似正確但實際上卻不然的假反例。例如，假如我說，「很熱的夏天一定會伴隨很冷的冬天。」但對手反駁，「可是昨天（冬天的某一天）很溫暖。」對手提出的這個反例可以用來反駁，「很熱的夏天之後的冬天，每天都會很冷。」而我的主張卻不是每天都很冷，而是平均溫度較低，或是會有極寒氣候。所以冷靜想一下，就會發現那個反例是無效的。當然，反過來，當對手的主張很難進攻時，也可以運用假反例來反駁。只要對手邏輯不夠清楚，就會以為自己被反駁成功了。

26.反轉論證

這個技巧也是一個產生強烈反駁力道的方法。許多人在思考問題時，只想到支持原本自己立場的一面，不反面思考，就很容易形成單面向的論述。這時，最好的方式就是把它的反面指出來，達成反駁的目的。

例如，有人說：「為了健康，應該多運動，所以應該要去參加路跑活動。」反駁者可以說：「就是為了健康所以不要去參加路跑活動，因為會大量吸入不良空氣，反而導致身體變差。」

或者，當有人發文詢問是否有人願意領養流浪動物時，常常會見到的反應是：「我工作壓力夠大了，別再養寵物增加我的壓力了。」但反駁者可以說：「就是因為工作壓力大，所以才應該養寵物，因為養寵物有舒壓效果。」

27.火上加油

人們在理由不足，不知如何辯解時，特別容易表達憤怒，主要大概是為了掩飾不足的理路，並不是真的生氣。所以，在辯論時，如果發現對手在某個點上表達出憤怒的情緒，我們便可猜測，這是他最弱的環節。在這種情況下，如果集中火力在這個點上，對手將會做出最差的表現，形成一面倒的盛況。

當然，這也可以用來做為欺敵的策略。首先，我們可以故意將最不明顯的殺手鐧隱藏起來，當對手提到時，表現出難以招架的理路，並且使用惱怒的語氣談論，似乎理性都快被蒸發殆盡。這樣可以引誘對手集中火力攻擊這個論點，而忽視其他面向。到了最後，拿出殺手鐧，一舉讓戰局逆轉。

舉例來說，反對大學念哲學系的人，可能會提出三個理由：

一、哲學太抽象。

二、哲學不知在學些什麼，不實用。

三、學哲學沒前途。

針對第一點，支持念哲學系的人可以回答，哲學訓練強大的思考能力，所以會比較抽象。針對第二點，哲學學習的東西，主要是智慧與追求幸福人生的技能，其實更為實用。而針對第三點，這也是一般大眾會有的觀點，我們可以先將好的反駁隱藏起來，裝作被激怒的樣子，甚至使用不盡合理的理路來反駁，像是「念哲學的人也很努力，請不要抹煞他們的功勞。」在這種情況下，對手心裡會暗笑，誤以為發現了你最大的弱點，於是集中火力在這個點上。最後，我們使出殺手　，列出一大堆目前在不同領域裡，正帶領世界的領袖人物的名單，這些人竟然都是哲學系畢業，而後再把那些帶領人類進入現代文明的哲學家名字列出來，這將會形成完全逆轉的局勢。

28. 對旁觀者的論證

群眾是一股很大的力量。在辯論比賽會場上，即使評審邏輯能力良好，也很難不受群眾干擾而做出不同的選擇。所以，當群眾傾向於認同某一方時，即使這樣的認同是非理性的，甚至錯誤的，都會形成一股不可小覷的力量。所以，拉攏群眾有時是一個很好的戰略。而且群眾通常邏輯能力不足，運用一些具有幽默性或戲劇性的手法來揶揄對手，即使是錯誤的，群眾常常會不知道，就算知道也往往當作戲言而不予追究。

如果是選舉會場上的辯論，那麼，拉攏具有選票的群眾更是一個不可忽略的戰術。

舉一個實例來說，某競選辯論會場上，曾經屬於乙方病人的甲方，質疑乙方過去曾經說自己是墨綠，現在又為選舉改口否認。而乙方卻回答：「當年我說自己是墨綠，是為了救你，證明你的槍傷是真的，是為台灣社會的和諧。但今天你說我墨綠，卻是為了撕裂社會、謀取自己的政治利益。」乙方這個說法實際上完全沒有回答甲方的質疑，但卻對群眾十分討好，而且順便貶損了甲方說這句話的意圖，讓甲方不敢再繼續講下去。算是一個很成功的策略。

事實上，如果甲方繼續講下去，是有可能逆轉局勢的。例如，在討好群眾方面，他可以先感謝乙方，然後把這個話題繼續：「感謝您當年為了救我而說謊自己是墨綠。如果當年不是說謊的話，那現在就是為了選舉而說謊自己不是墨綠。我認為不管怎樣，會說謊的人不適合擔任重要的政府官員。」這樣的回答不僅可以扭轉群眾的心理，還可以順便將對手一軍。

29. 轉移目標

這裡講的是一個關於「脫逃」的策略。在辯論中，發覺自己快要失敗時，尤其在一面倒的情況即將發生的時候，當事人往往可以比群眾更早知覺到。在這種情況下，為了避免失敗的窘境發生，可以嘗試使用脫逃的戰術。最簡單的方法就是轉移話題。

然而，如果突然跳出原本的話題，轉向講其他的東西，對手馬上會有所警覺，並將話題拉回。而觀眾也會產生不良的觀感。所以，必須順著原本的話題逐漸拉開，讓人感覺好像接下去談一個相關問題，等到對手發覺不是如此時，為時已晚。

這點就不舉例了，因為例子都會過於複雜。但叔本華談到一個轉移話題的方法可供參考。就是去說：「是的，你剛剛也這麼說……」如果轉移的話題是對手剛剛說過的類似話題，通常對手會感興趣談下去。如果不太是，或甚至根本不是，那對手也會否認自己曾經這樣說過，在爭論中，話題就已經被轉移了。

30. 訴諸權威

在辯論時，可以適時引用能夠給對方帶來壓力的權威，有助於獲得勝利。但針對不同知識、以及不同思考能力的人來說，則會有的權威不同。

舉例來說，如果引用某大哲學家的話，例如，「亞里斯多德認為追求幸福最重要的是要培養德性。」一般人可能會對這個權威感到壓力，不敢隨便去否定大哲學家的話。但對哲學系學生來說，則可能會去質疑。而對於哲學教授們來說，可能翻個白眼，然後跟你說：「那又怎麼樣？」

叔本華認為大眾意見也會成為一個權威。例如，當一個人在臉書上想要反對多數輿論的一方時，例如主張繼續建核電廠，或是反對同性戀，大概都要有相當程度的勇氣，因為會有很多未經思考卻自以為很懂得人用此權威來壓人。然而，當我們仔細思考，會發現這種權威往往只是從少數人開始，然後以非理性（不是經由邏輯深思）的方式開始蔓延，最後形成一股輿論的力量。權威形成後，人們大多不會追根究柢，直接將之當作真理供奉。百年前叔本華這麼說，百年後的台灣社會仍然適用。

31. 宣稱不懂

這一招屬於訴諸個人權威。在一個辯論場合裡，當某人做了一個論述，人群中被公認在該領域具有權威者，無論是否聽懂該論述，只要說出，「我聽不懂你在說什麼？」那麼，這個論述就馬上會在人群中被否定。即使人群中有些人聽得懂，甚至覺得很有啟發性，但只要不屬於那種獨立思考能力者（這種人很稀少），想法就會跟著權威走。

舉例來說，一個大學教授，在課堂上就是權威，當學生說了一些想法之後，如果教授回答：「我聽不懂你在說什麼？」即使說得很委婉，但通常還是會變成一種否定。反過來，學生若聽不懂教授的解說，那就是學生太笨了。

不過哲學系裡具有獨立思考的人較多，如果其他人聽得懂某學生的發言，就馬上會有人不服權威而上前挑戰，所以，這招在哲學系大概是不適用的。

然而，這樣的權威是相對的，使用此技巧的不需要是真的權威。例如，一個哲學系大一新生（只上了兩個星期的哲學課）去參加第一次的高中同學會，如果討論到哲學問題，只要他講話的態度夠有自信，就容易變成大家聽從的權威。

如同叔本華指出的，這種花招容易被某些嫉妒年輕學者才華的資深學者使用。針對年輕學者提出的論文，只要權威者笑一笑，假裝不懂，對習慣接受權威的人來說，這就是否定。而且由於沒有說出任何否定的詞彙，所以別人無法反駁他，幾乎沒有危險性。

32. 以遞迴的方式反駁

針對一段論述，給他一個名稱來歸類，並藉此歸類形成貶損效果。例如，針對主張社會應該維持死刑的立場，可以反駁說「這簡直就是屠夫的想法」。這樣的歸類會製造主張者毫無憐憫之心的效果。或者，用一個大家都不熟悉的專有名詞，並且聲稱這種主義已經過時或被否決。例如，針對某個特殊案例，當某人主張應選擇對社會最大利益的做法，強制拆除不願搬遷的釘子戶。反駁者可以說：「這種效益主義觀點早已過時，而且已在哲學史上被否定。」如果對手不清楚這些專有名詞，又不好意思問（好像顯示自己很無知），那就達到了反駁的目的了（嗯，哲學人好像常常用這種方式在唬人）。

33. 否決實用性

這個技巧可以應用在對手言論合理性很高的時候。當對手滔滔不絕、妙語如珠，眼見群眾大多已經倒向他方時，我們可以說出：「你所說的在理論上或許是對的，但實際上卻是錯的。」這句話很有提醒作用，把群眾從被說服的感受拉回重新省思，而且由於強調「實際上是錯的」，所以群眾的思考會自然被引導（忽略理由而）直接去想解答，而且會偏重在「究竟錯在哪裡？」通常辯論題目多少都會有爭議性，只要直接去想「可能錯在哪裡？」都一定會找到有待商榷之處，而到了這個時候，群眾被說服的程度就會下降。

在說出這句話之後，除非我們真的可以指出錯處，否則，這種招數在同一個辯論場合，頂多只能使用一次。第二次使用就容易被看穿，「不過是空口說白話而已」。

34. 針對弱點窮追猛打

這點和第二十七計「火上加油」是類似的技巧。差別在於除了「惱怒」這個跡象之外，還可以從對手「迴避問題」、「說不清楚」等跡象來判定這是對手的弱點。當然，也要小心對手利用這個判斷方式愚弄我們的進攻方向。

在這裡，我們需要注意的事情是，對手自認為自己最弱的地方，和從我們的角度思考認為對方立場最弱的地方是不同的。有時，對手比我們更容易發現自己的弱點，我們常常要到弱點浮現後，才會意識到。

相反的，如果在我們認為對方立場應該很強的地方，對手始終沒有提出最強的理由，而且在談論該處時顯得力不從心，這個時候，有三種可能性，第一是對方沒有發現自己的強處。第二，這是陷阱。第三，我們自己搞錯了。

首先針對第三點思考，如果在思考之後，還是無法找到自己哪裡搞錯了，那就建議不要攻打那個地方。因為就算不是陷阱，而是對手真的誤以為那是最弱的點，也可能在被攻擊之後激發靈感，發現自己的最強理由。這麼一來，就得不償失了。

35. 釜底抽薪

在理性的討論上，支持一個主張必須依據支持它的理由，而不是考慮我們是否可以在這個主張上獲利或是遭受損失。但多數人並不這麼想，所以，訴諸利害關係可以改變一個人的主張。

這種辯論方式最常使用在選舉場上。例如，假設某候選人P主張五十歲以上的國民每個月可以領三千元。那麼，當我們跟這個族群拉票時，就可以說：「選擇P才是正確的，因為如果他當選，每個月就可以額外獲利三千元。」

反之，如果我們反對這個候選人，就可以說：「萬一他當選，錢會被拿去亂發，財政會破產，到時什麼也拿不到。」

這種錯誤推理型態屬於「不相干謬誤」的一種，訴諸利害關係來推理，而不是依據推理的合理性程度。

36. 空話連篇

「空話」，是沒有什麼內容的話，但卻可以講到讓人覺得似乎很有內容、很有道理、甚至很有學問。一來，是因為人們常常不會仔細思索話裡的意義，只要有著華麗的詞藻，就會產生很有學問的假象。二來，我們常常會從籠統的話語裡面自行對號入座，自行產生（自認為）最有道理的解讀。

空話的應用範圍很廣，最常被討論的是政治人物用來迴避問題，以及算命師用來讓人覺得很準。

例如，一場災難發生後，眾人譴責某市長沒有做到監督責任。這時市長接受訪問，他可能說：「這場災難的發生讓人非常悲傷，我也非常憤怒，一定要找出問題的核心，任何責任都不該逃避，能夠做的救助工作一定全力去做，未來針對病患以及家屬，需要幫的一定會幫忙到底。」很漂亮的話，但全是空話，因為只要仔細思考，就會發現，字裡行間，沒有承認任何錯誤，也沒有做出任何承諾。」

算命師的空話則是使用讓人容易對號入座的言詞。例如，如果有人來詢問婚姻，算命師可以說：「你過去曾經錯過一場很好的姻緣，所以導致你對婚姻期待很高，但很可惜一直都不是很順利，總是會有意想不到的問題發生。但不用擔心，這只是時機尚未成熟，等待時機成熟的時候，一切就會好轉。最重要的是要有耐心，不要急，那就很快會有轉機了。」

當我們聽到算命師說「以前錯過一場很好的姻緣」時，就會直接在自己過去的人生中尋找一個適合的案例（對號入座），然後就以為這就是算命師說的，這麼一來，自然會覺得很準。其他用語也很類似，可以此類推。

其他最常使用空話唬人的，大概算是沒有真才實學的學者或是宗教人物。空有一個好的頭銜，使用一堆華麗難解的詞藻，讓人誤以為學問高深。

要避免中計，聽者必須去思索話裡的具體意義，找不到時，問一問講者，要求具體，如果講者仍舊沒有任何改變，那大概有百分之九十九的機會屬於此類。另外的百分之一，大概就是在講那種真正難以言說的真道了。

37. 反駁證明

好的推理，容易導出正確的結論。然而，壞的推理，導出的結論卻未必是錯的。由於在缺乏良好的邏輯訓練之前，人們常常直覺認為「由壞的推理所導出的結論是錯的」，所以，當我們的對手推理能力差時，就可以直接從他的壞推理，宣稱他的結論錯誤。

舉例來說，假設有人主張「同性婚姻應該要合法。」而理由是，「結婚這種事只要雙方高興就好，誰跟誰結婚都無所謂。」由於這個理由會導出一些更有爭議性的問題，難道爸爸也可以娶女兒、每個人也可以三妻四妾、甚至人與愛犬也可以結婚嗎？藉由否定其理由，直接攻其結論，「所以，同性婚姻是錯誤的。」

38. 人身攻擊

這個技巧大概是用在辯論快輸的時候，自己提出的理由已經全被攻破，只好轉而藉由人身攻擊來轉移討論。例如，如果對方主張死刑，可以說：「好吧！最後我只想知道，你真的可以這麼冷血，殺人時，可以毫不猶豫，那你是不是很想當劊子手呢？」如果對方反對死刑，可以說：「你是否有親人被陷害致死，如果沒有，你有什麼資格來主張廢除死刑？」

由於談論一個問題時，理性上應以「對方支持此主張的理由」為唯一討論的範圍，涉及到個人屬性時，都算是不相干的問題。但對於缺乏邏輯能力的普遍大眾來說，這樣的說詞都能產生相當程度的影響力，所以常被人使用。

所以，當別人用此技巧時，不要讓他把話題拉走，最好的方法大概就是忽視它，根本就不要回答此類問題，直接把話題拉回來：「我們用理由來討論事情，如果你要反對，請針對我提出的理由。」

（本文作者為華梵大學哲學系專任教授）

國家圖書館出版品預行編目資料

叔本華的辯論藝術/ 叔本華(Arthur Schopenhauer)著；荷夫譯. -- 初版.
-- 臺北市：商周出版：家庭傳媒城邦分公司發行, 2015.10
面；　公分. --(生活視野；7)
譯自：Die Kunst, Recht zu behalten

ISBN 978-986-272-884-0(平裝)

1.叔本華(Schopenhauer, Arthur, 1788-1860) 2.學術思想 3.辯論學

147.53　　　　104018231

叔本華的辯論藝術

Die Kunst, Recht zu behalten

作　　者／叔本華（Arthur Schopenhauer）
譯　　者／荷夫
企畫選書／程鳳儀
責任編輯／余筱嵐

版　　權／林心紅
行銷業務／莊晏青、何學文
副總編輯／程鳳儀
總 經 理／彭之琬
發 行 人／何飛鵬
法律顧問／元禾法律事務所 王子文律師
出　　版／商周出版
台北市104民生東路二段141號9樓
電話：(02) 25007008　傳眞：(02)25007759
E-mail：bwp.service@cite.com.tw
Blog：http://bwp25007008.pixnet.net/blog
發　　行／英屬蓋曼群島商家庭傳媒股份有限公司 城邦分公司
台北市中山區民生東路二段141號2樓
書虫客服服務專線：02-25007718；25007719
服務時間：週一至週五上午09:30-12:00；下午13:30-17:00
24小時傳眞專線：02-25001990；25001991
劃撥帳號：19863813；戶名：書虫股份有限公司
讀者服務信箱：service@readingclub.com.tw
城邦讀書花園：www.cite.com.tw
香港發行所／城邦（香港）出版集團有限公司
香港灣仔駱克道193號東超商業中心1樓；E-mail：hkcite@biznetvigator.com
電話：(852) 25086231　傳眞：(852) 25789337
馬新發行所／城邦（馬新）出版集團 Cite (M) Sdn. Bhd.
41, Jalan Radin Anum, Bandar Baru Sri Petaling, 57000 Kuala Lumpur, Malaysia.
Tel: (603) 90578822　Fax: (603) 90576622　Email: cite@cite.com.my

封面設計／蔡南昇
排　　版／極翔企業有限公司
印　　刷／韋懋實業有限公司
經 銷 商／聯合發行股份有限公司
新北市231新店區寶橋路235巷6弄6號2樓
電話：(02)29178022　傳眞：(02)29110053

■2015年10月6日初版
■2022年7月5日初版6刷
定價250元

Printed in Taiwan

城邦讀書花園
www.cite.com.tw

 ISBN 978-986-272-884-0